Kunihiko Kasahara

Origami

figürlich und geometrisch

Wir falten nur ein Blatt Papier –
und unversehens geraten wir
in ein geometrisches Abenteuer.

Kunihiko Kasahara

Origami

figürlich und geometrisch

AUGUSTUS

Inhalt

Ein Wort zuvor

Wir beginnen mit einem quadratischen Blatt Papier. Wenn wir nach Origamiart falten, legen wir Ecke auf Ecke oder Kante an Kante usw. Dabei wenden wir mathematische Prinzipien an, nach denen Strecken, Winkel und Flächen in gleiche Teile geteilt werden.
Bereits der deutsche Pädagoge *Friedrich Wilhelm August Fröbel* (1782–1852) erkannte die Zusammenhänge zwischen Origami und Geometrie. Er schätzte Origami als Lehrmittel, durch das schon bei Kindern auf spielerische Weise das Interesse und Verständnis für Geometrie gefördert werden kann. Ich selbst bin weder Erzieher noch Mathematiker, aber im Laufe meines 40-jährigen »Origami-Lebens« habe ich sehr große Sympathien für seine Idee entwickelt.
Seit Fröbels Wirken sind etwa 150 Jahre vergangen, und Origami hat sich inzwischen beachtlich weiterentwickelt. Dass ich die Gelegenheit habe, ein Buch in Deutschland zu veröffentlichen, das auf Fröbels Ideen beruht und diesen – wie ich hoffe – zu neuer Geltung verhilft, erfüllt mich mit Freude und Stolz. Dass sich diese Freude auf Sie, die Sie mein Buch in Händen halten, übertragen möge, wünsche ich von ganzem Herzen.

Kunihiko Kasahara

Dank des Verlages

Der Verlag bedankt sich
bei Frau Michiko Yoshihara, Freising, die für die deutsche Grundübersetzung direkt aus dem Japanischen sorgte und die Verbindung zum Autor aufrechterhielt,
bei Herrn Karlheinz Strobl, München, der als Sachverständiger in Origami und Mathematik für die richtige Terminologie sorgte und alle Modelle nachgefaltet hat,
bei Frau Eva-Maria Müller, die den deutschen Text sprachlich aufbereitete und für ein breites Publikum verständlich machte,
sowie bei Herrn Paulo Mulatinho, Freising, Präsident von Origami Deutschland e.V., durch dessen Vermittlung dieses Buch als Originalausgabe zuerst in deutscher Sprache erscheinen konnte.
Die Koordination besorgte Manfred Braun.

Was ist Origami?

Diese Frage beschäftigt mich seit 20 Jahren. Auch Sie haben sicher schon erfahren, dass es oftmals sehr schwer fällt, einen einfachen oder Ihnen vertrauten Sachverhalt präzise zu erklären. Eine Antwort auf meine Frage habe ich deshalb in zahlreichen – auch fremdsprachigen – Lexika und Origami-Büchern gesucht, aber leider nie eine zufriedenstellende Definition gefunden. Alle Erklärungen beinhalten meiner Meinung nach nur einen Teilaspekt, mit dem man der Bandbreite der Eigenschaften und Möglichkeiten von Origami nicht gerecht wird.
Für mich liegt die Lösung also in einer »Symbiose«, dem »Zusammenwirken« verschiedener Aspekte, die das Ganze ergeben. Meine ganz persönliche Definition des Origami lautet daher:
Origami ist ein traditionelles Faltspiel, in dem bildnerisch-ästhetische, funktionelle und geometrisch-mathematische Prinzipien zusammenfließen.
Origami eröffnet für Menschen jeden Alters oder Geschlechts interessante Möglichkeiten; weder Nationalität noch Sprache spielen dabei eine Rolle.
In Hinblick auf meine Definition von Origami als »Spiel« wurden mehrfach schon Gegenmeinungen laut. Viele Kenner meinen, dies verniedliche den Wert von Origami. Für mich ist die spielerische Komponente aber ganz wesentlich und bedeutet keinesfalls eine Herabsetzung. Aus dem Spiel und einer spielerischen Grundhaltung entstehen Freude und Begeisterung. Ohne diese würde jede Kunst, jede Wissenschaft, innerlich ausdörren.

Dank des Autors

Meinen Freunden Marieke de Hoop, dem Ehepaar Paulo Mulatinho und Silke Schröder sowie Michiko Yoshihara, die mich zur Verwirklichung des Buches anregten, dabei immer wieder ermutigten und tatkräftig unterstützten, spreche ich aufrichtigen Dank aus. Mein Dank gilt auch dem Augustus Verlag, der spontan einer Veröffentlichung zustimmte. Überhaupt habe ich durch Origami auf der ganzen Welt viele wunderbare Menschen als Freunde gewonnen. Auch dafür bin ich dankbar.

Faltsymbole

Auf dieser Seite finden Sie die wichtigsten Origami-Symbole, die überall auf der Welt verwendet werden und auch hier die Grundlage für die Faltanleitungen darstellen.

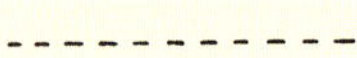

Talfalte

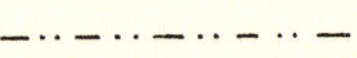

Bergfalte

Nach vorne falten

Nach hinten falten

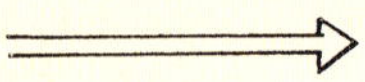
Aufklappen, entfalten oder herausziehen

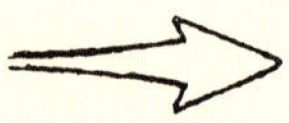
Die folgende Zeichnung ist vergrößert dargestellt

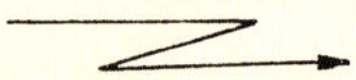
Doppelt oder mehrfach falten

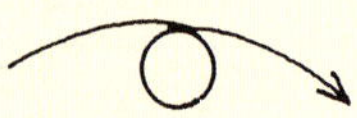
Das Modell umdrehen

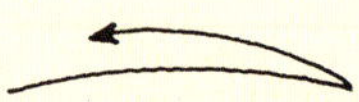
Falten und wieder aufklappen

Versenken

Wie eine Tüte öffnen und dann flach drücken

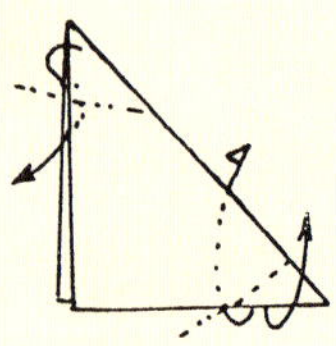
Gegenbruch nach innen

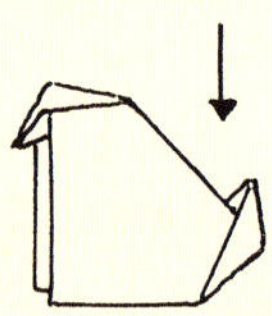
Gegenbruch nach außen

Verdeckte Linie

An dieser Linie entlang schneiden

Das Papier

Für sämtliche Modelle in diesem Buch verwende ich einfaches, quadratisches Origami-Papier. Wenn wir ein rechteckiges oder vieleckiges Format benötigen, zeige ich, wie dieses Format aus einem Quadrat hergestellt werden kann.

Über den Zusammenhang von Geometrie und Ästhetik

»Die Mathematik ist die edelste Wissenschaft, sie ist Königin der Wissenschaften« – wie oft habe ich diesen Satz schon gehört! In mir wuchs die Sehnsucht nach der Mathematik und der Neid auf die Mathematiker. Auch ich wünschte mir, in den Genuss dieser Schönheit zu kommen.

Mit Origami ging dieser Traum in Erfüllung. Und mehr noch: Ich bin stolz darauf, dass man mit Origami auch als (mit euklidischen Mitteln) unkonstruierbar bewiesene und daher »verschwundene« Figuren (manchmal werden sie in mathematischen Tabellenwerken nicht aufgeführt) zu neuem Leben erwecken kann.

Ein Beispiel: Die beiden nebenstehenden Abbildungen zeigen zwei gleichseitige Vielecke. Das regelmäßige Elfeck ist eine mit Zirkel und Lineal nicht konstruierbare Figur. Das regelmäßige 17-Eck kann zwar mit Zirkel und Lineal konstruiert werden, seine Konstruktion ist aber äußerst kompliziert. Mit Origami lassen sich beide Figuren ohne Schwierigkeiten konstruieren. Der Unterschied zwischen »Möglich« und »Unmöglich« verschwindet.

Im Origami bilden Ästhetik und Geometrie, Gefühl und Verstand eine vollkommene Einheit. Davon handelt dieses Buch.

Regelmäßiges Elfeck

Das regelmäßige Elfeck lässt sich mit Zirkel und Lineal nicht konstruieren. Erstmals weltweit wird hier eine einfache Konstruktionsmethode vorgestellt (siehe Seite 39).

Regelmäßiges 17-Eck

Der Beweis für die Konstruierbarkeit (mit Zirkel und Lineal) des gleichseitigen 17-Ecks stammt von dem Mathematiker und Astronom *Carl Friedrich Gauß* (1777–1855). Haben Sie schon einmal versucht, es zu konstruieren? Wenn ja, wissen Sie, wie schwer das ist. Mit Origami dagegen fällt es ganz leicht.

Kapitel 1 Teilungen

Kazuo Haga ist Biologe und Pionier des neuen Origami. Sein Lehrsatz ist eine wichtige Grundlage für die Origami-Mathematik.

Der Lehrsatz von Haga

Die Dreiecke a, b und c sind einander ähnlich.
Ihre Seiten verhalten sich wie 3 : 4 : 5.

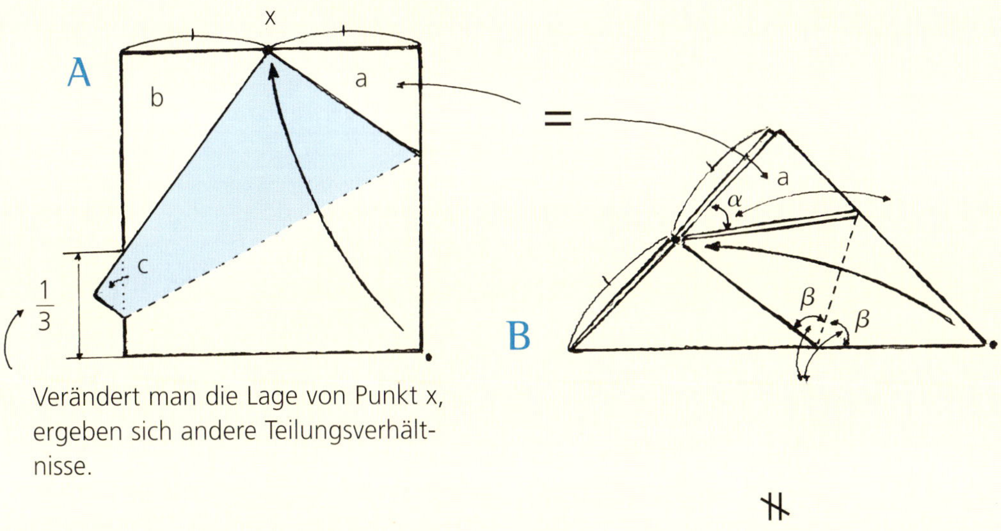

Verändert man die Lage von Punkt x, ergeben sich andere Teilungsverhältnisse.

Eine praktische Methode zur näherungsweisen Konstruktion des regelmäßigen Fünfecks nach amerikanischer Überlieferung wird auf Seite 28 gezeigt.

Diese Näherungslösung lässt sich mit dem Lehrsatz von Haga beweisen.
Nach Haga verhalten sich die Seiten des Dreiecks a wie 3 : 4 : 5.
tan $\alpha = 3/4$. Daraus folgt:
$\alpha = 36{,}869...° \approx 36°$
$\beta \approx 72° = 360°/5$

Auf den ersten Blick ist kein Zusammenhang zwischen Zeichnung A und B zu erkennen. Beide beruhen jedoch auf demselben Lehrsatz und einer sehr ähnlichen Faltweise.
Dagegen haben die scheinbar gleichen Zeichnungen B und C eine unterschiedliche Bedeutung.

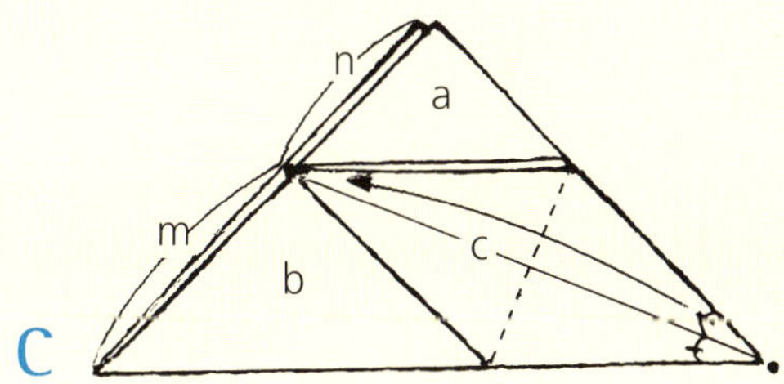

Hier wird der Teilungspunkt durch die Winkelhalbierende gebildet. Dreieck c ist gleichschenkelig, a und b sind ähnliche gleichschenkelige Dreiecke. Die Flächeninhalte von a und b verhalten sich wie 1 : 2.
Daraus folgt:
$n : m = 1 : \sqrt{2}$

Die Halbierung von Flächen

Wenn Sie ein Quadrat diagonal zusammenfalten, entsteht ein rechtwinkeliges gleichschenkeliges Dreieck, dessen Flächeninhalt wir als 1 annehmen wollen. Nun halbieren Sie dieses Dreieck immer wieder, indem Sie jeweils die spitzen Winkel aufeinander legen – insgesamt zehnmal (siehe Zeichnungen 1 – 7).

$$1 \cdot \frac{1}{2} = \frac{1}{2^1}$$

$$\frac{1}{2} \cdot \frac{1}{2} = \frac{1}{4} = \frac{1}{2^2}$$

$$\frac{1}{4} \cdot \frac{1}{2} = \frac{1}{8} = \frac{1}{2^3}$$

$$\frac{1}{8} \cdot \frac{1}{2} = \frac{1}{16} = \frac{1}{2^4}$$

$$\vdots$$

Der Flächeninhalt des letzten, kleinsten Dreiecks ist $1/2^{10}$ oder 1/1024. Würde man das Halbieren und Zusammenfalten der Fläche unendlich oft wiederholen und den Flächeninhalt aller entstehenden Dreiecke addieren, so würde die Summe aller Teildreiecke das Ausgangsdreieck mit der Fläche 1 ergeben. Als Formel ausgedrückt, sieht das so aus:

$$1/2 + 1/2^2 + 1/2^3 + 1/2^4 + 1/2^5 + \ldots 1/2^n + \ldots = 1$$

Dieses Prinzip, komplexe mathematische Zusammenhänge mittels Origami auf einfache Weise zu veranschaulichen, geht auf den indischen Mathematiker *T. Sundara Row* zurück, der etwa 100 Jahre nach Fröbel (siehe Seite 5) lebte.

Es kommt aber nicht nur auf mathematische Erkenntnisse an, sondern auch darauf, wie daraus eine ästhetisch ansprechende Form gestaltet werden kann. Ein Beispiel dafür ist die Spiralstruktur auf Seite 11.

①
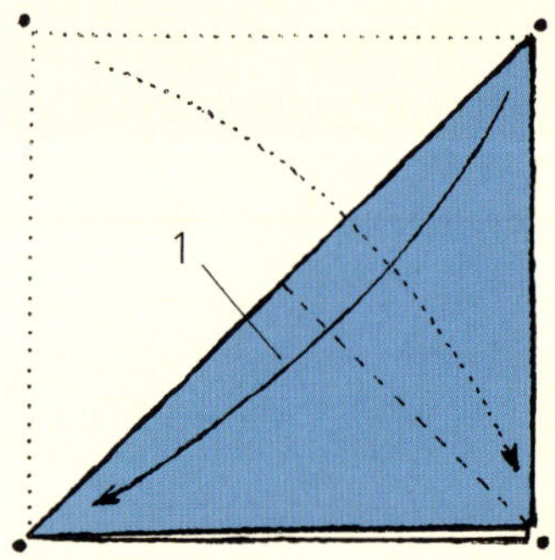

②
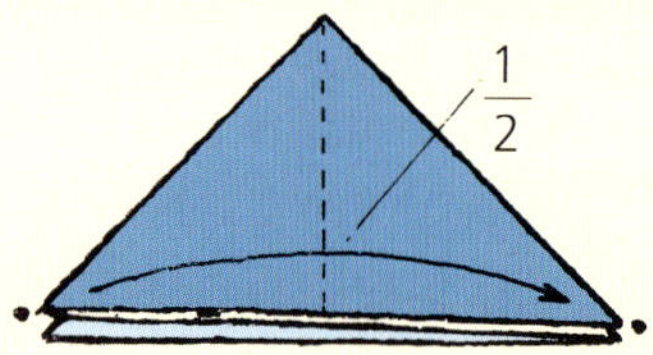

③
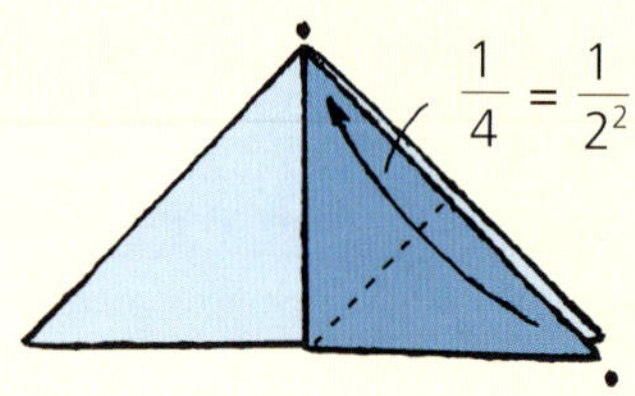

④
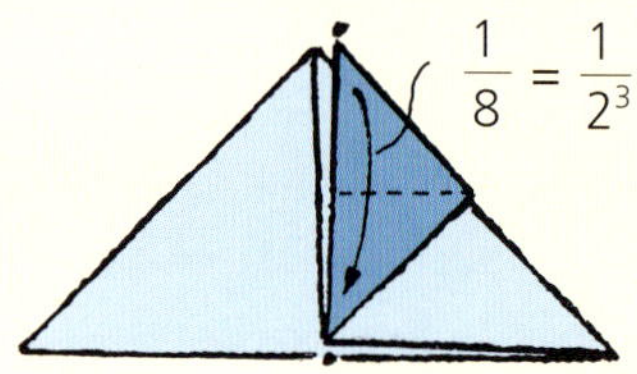

⑤
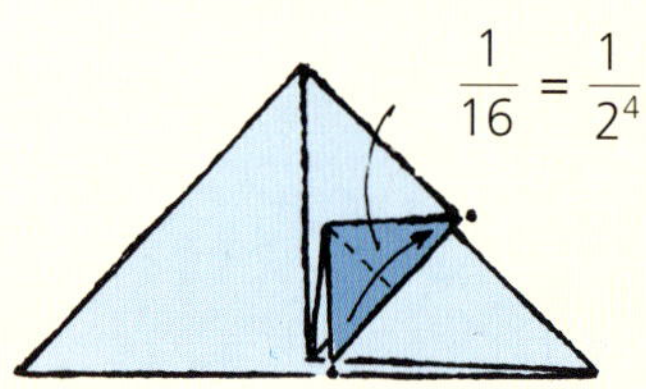

Spiralobjekt

Die nach zehnmaligem Halbieren entstandene Form (siehe Zeichnung 7) ist für sich schon ein ästhetisches Gebilde. Wenn Sie dieses aber noch einmal aufklappen und die Orientierung der drei Falten an den Seiten a und b ändern (Berg- in Talfalten umwandeln), wird aus der flachen Form ein faszinierendes plastisch-kubistisches Spiralobjekt.

⑥

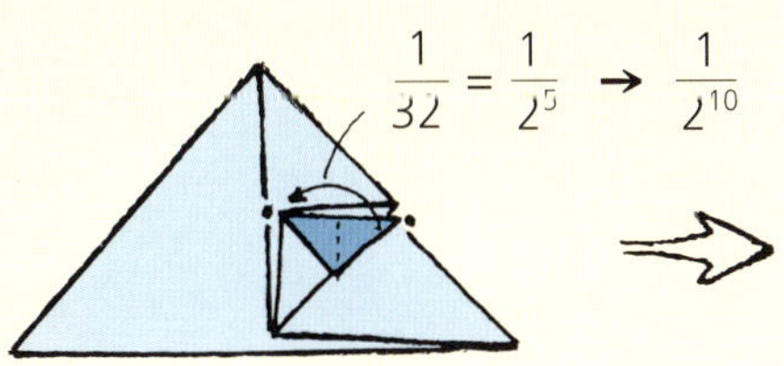

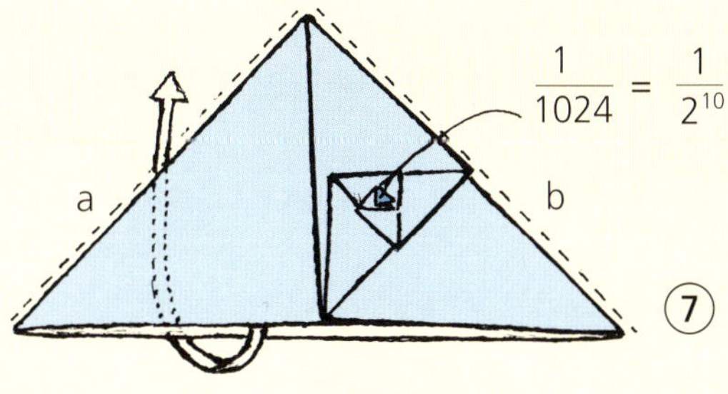

⑦

Die Halbierung der Fläche eines rechtwinkeligen gleichschenkeligen Dreiecks (siehe Seiten 10/11) war nicht genau die Erklärungsmethode von T. Sundara Row. Diese leichter verständliche Methode geht vielmehr auf den Japaner *Jun Maekawa* zurück. Rows Idee zum Halbieren der Fläche sehen Sie in Zeichnung A abgebildet; die Idee ist dieselbe, aber Maekawas Methode ist noch einfacher und damit ein Fortschritt. Außerdem kann man nach Row's Verfahren das Quadrat etwa viermal halbieren – aber nicht öfter.

Vergleicht man die beiden Methoden, wird deutlich, daß beide Formen den gleichen Flächeninhalt haben (siehe Zeichnung B). Dies ist leicht nachzuvollziehen und findet sich schon bei Fröbel.

Übrigens hat Origamipapier eine weiße und eine farbige Seite. Wenn Sie unter diesem Aspekt noch einmal Zeichnung B betrachten, erkennen Sie, dass die farbige Fläche die weiße vollständig bedeckt. Damit ist auf ganz anschauliche und einfache Weise bewiesen, dass – wenn man die Fläche des Quadrats mit 1 ansetzt – der Flächeninhalt der beiden Formen in Zeichnung B 1/2, d. h. die Hälfte der Quadratfläche, ausmacht.

Auch Fröbel diskutierte diese mathematischen Prinzipien bis hin zu Zeichnung B, gedieh aber nicht bis zu Zeichnung D (siehe Seite 13).

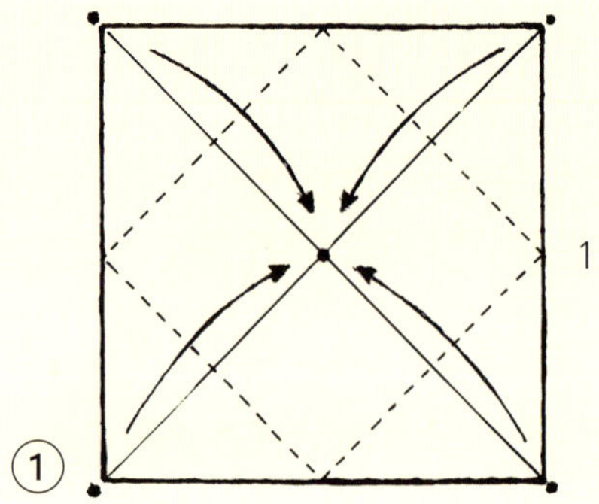

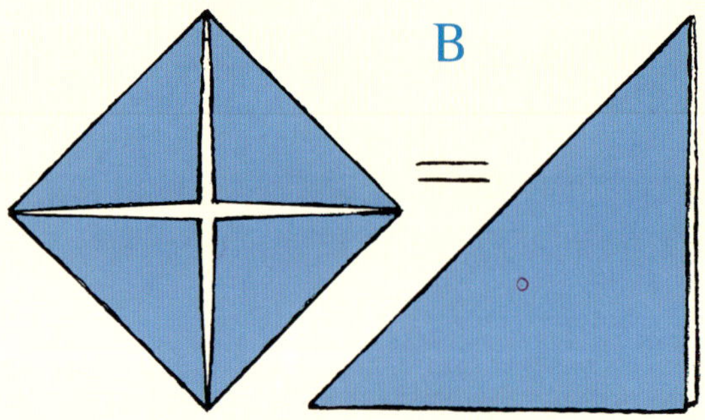

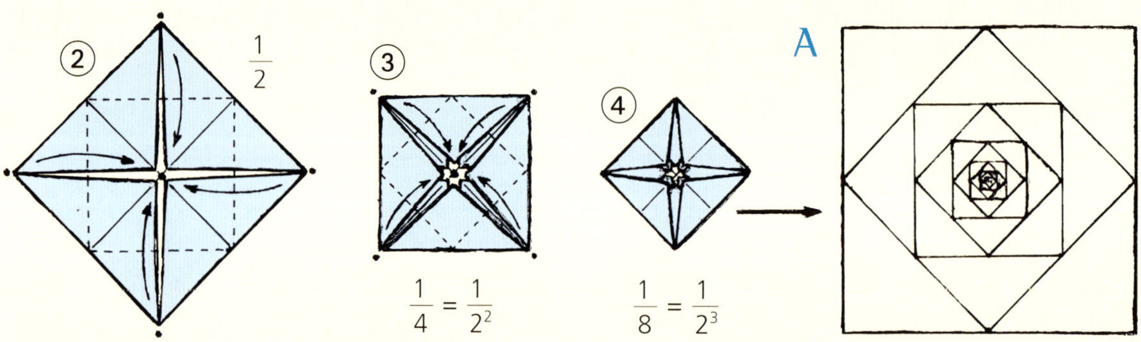

Fröbeldenkmal

In Bad Blankenburg in Thüringen gibt es das Fröbelmuseum. Auf einem Hügel, wo Fröbel häufig seinen Gedanken nachging und von wo aus sich ein freier Blick über den hübschen Kurort eröffnet, steht heute das Fröbeldenkmal.

Das Fröbeldenkmal ist eine Steinplastik und besteht aus einem Würfel, einem Zylinder und einer Kugel. Von der Seite gesehen zeigen Würfel und Zylinder denselben quadratischen Umriss, von oben sehen Kugel und Zylinder wie ein Kreis aus (siehe Zeichnung C.

Verschiedene Formen sind unter bestimmten Gesichtspunkten gleich. Unterschiedliche Figuren haben z. B. denselben Flächeninhalt. Sucht man unter diesem Aspekt noch nach weiteren Möglichkeiten, ein Quadrat so zu falten, dass die weiße Fläche exakt von der farbigen bedeckt wird und damit genau die Hälfte der Quadratfläche ausmacht, finden sich noch zwei zusätzliche Formen (siehe Zeichnung D). Bitte merken Sie sich diese gut, denn später möchte ich Ihnen damit ein interessantes Puzzlespiel vorstellen (siehe Seite 44).

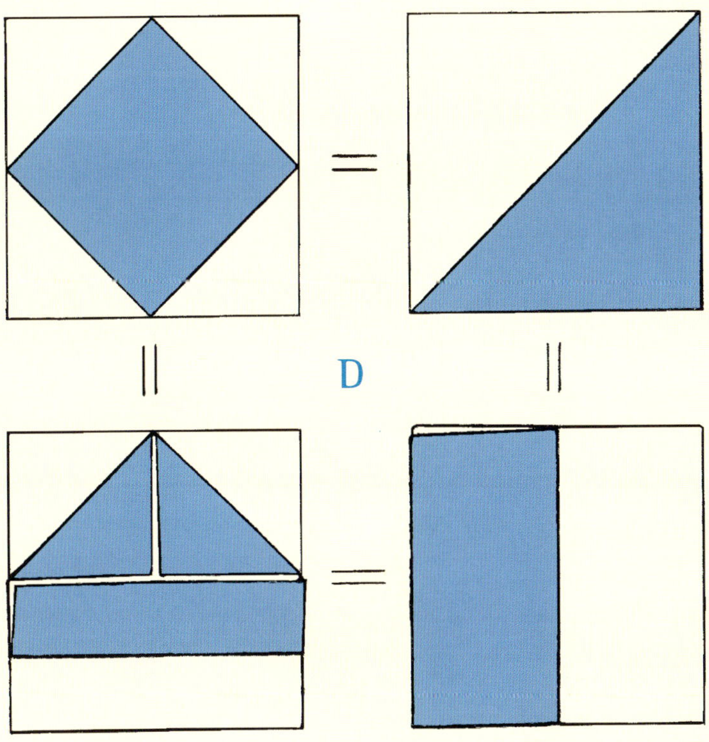

D

C

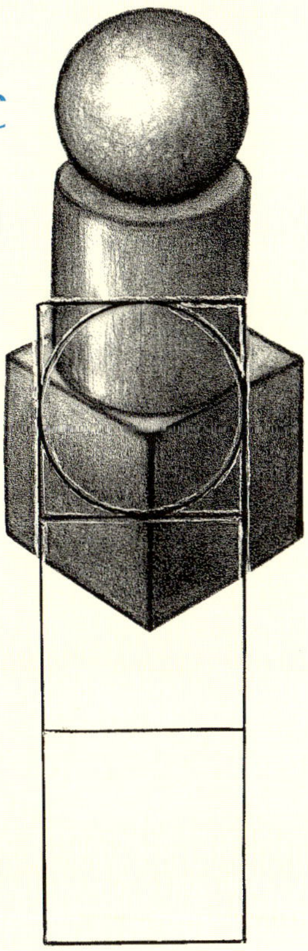

Die Halbierung von Winkeln

Auf den vorhergehenden Seiten wurde die Halbierung von Flächen behandelt, nun geht es um die Halbierung von Winkeln. Zuerst falten Sie mit Hilfe der Schritt-für-Schritt-Zeichnungen die »Krähe« und das »Gras« nach. Danach untersuchen wir die fertigen Figuren auf die entstandenen Winkel und die damit verbundenen Zusammenhänge. Dabei werden Sie viel Interessantes über Winkel erfahren. Anschließend finden Sie ein Beispiel zur Dreiteilung von Winkeln (siehe Seite 16).

Roulett

(von Paolo Bascetta)

Auch ich habe diese Figur entdeckt und parallel in Japan vorgestellt. Solche Zufälle gibt es manchmal.

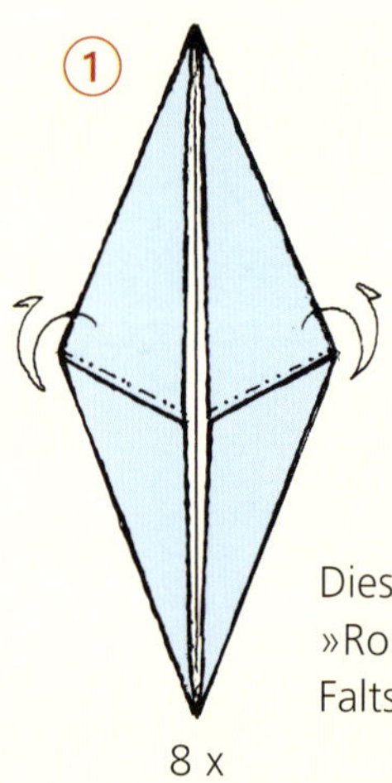

Diese erste Figur von »Roulett« entspricht dem Faltschritt 3 vom »Gras«.

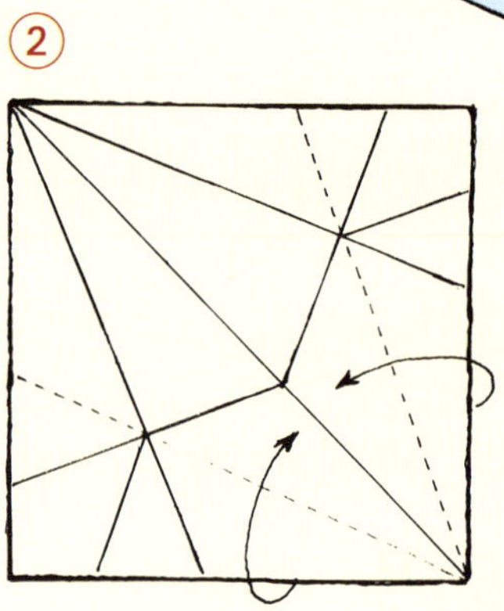

Hier wird genau in entgegengesetzter Richtung wie beim »Gras« gefaltet.

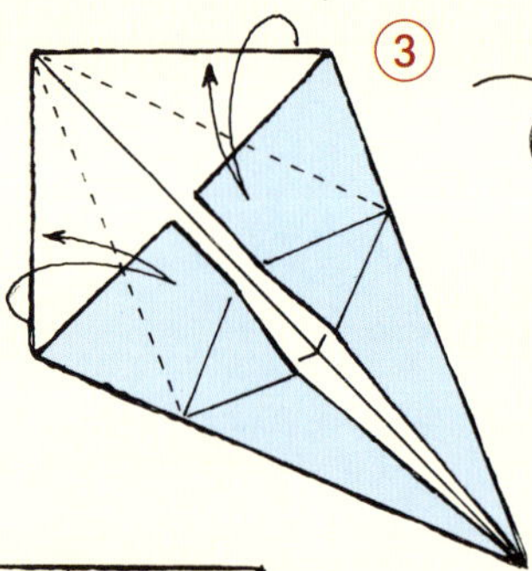

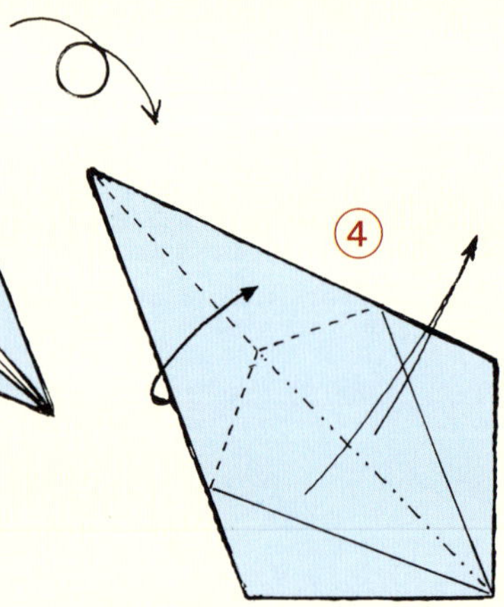

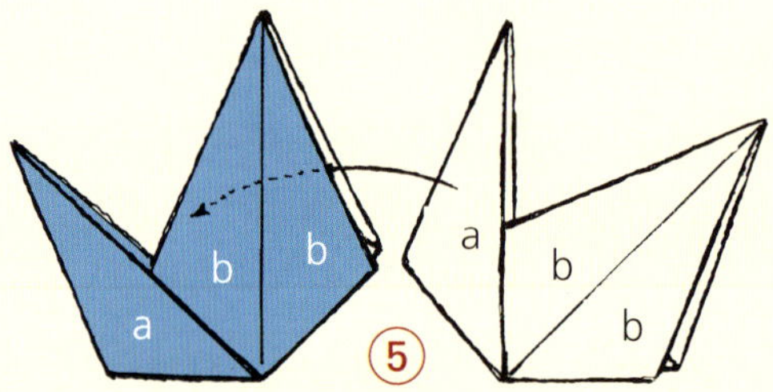

Falten Sie auf diese Weise acht gleiche Elemente und setzen Sie diese wie folgt zusammen.

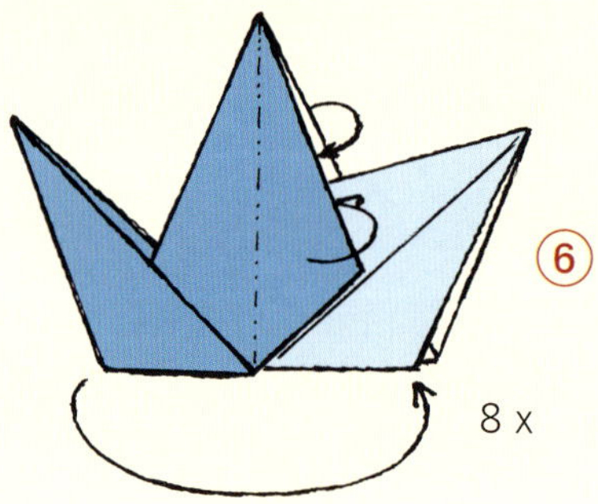

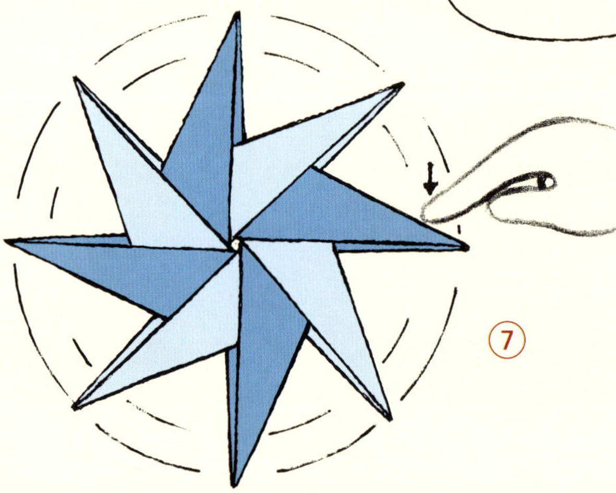

Abbildung rechts:
Weil die Dreiecke a und b der Figur »Gras« identisch sind, kann man mehrere dieser Elemente oder Module zu einer größeren Figur zusammensetzen. Diese Technik wird Unit-Origami genannt und ab Seite 54 weiter erklärt.

Gras

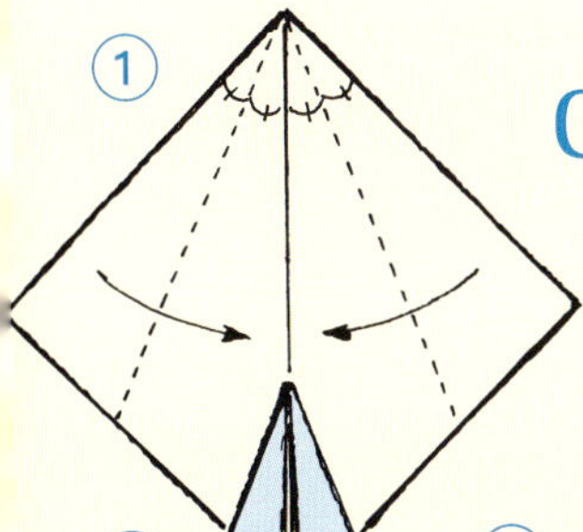

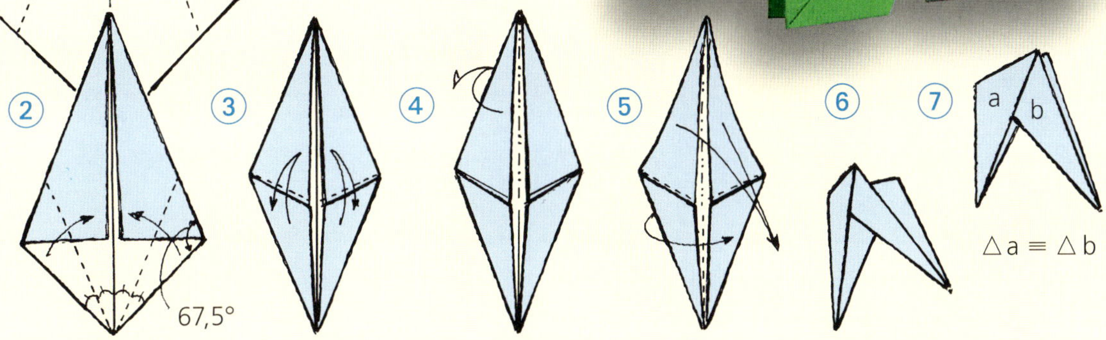

Krähe

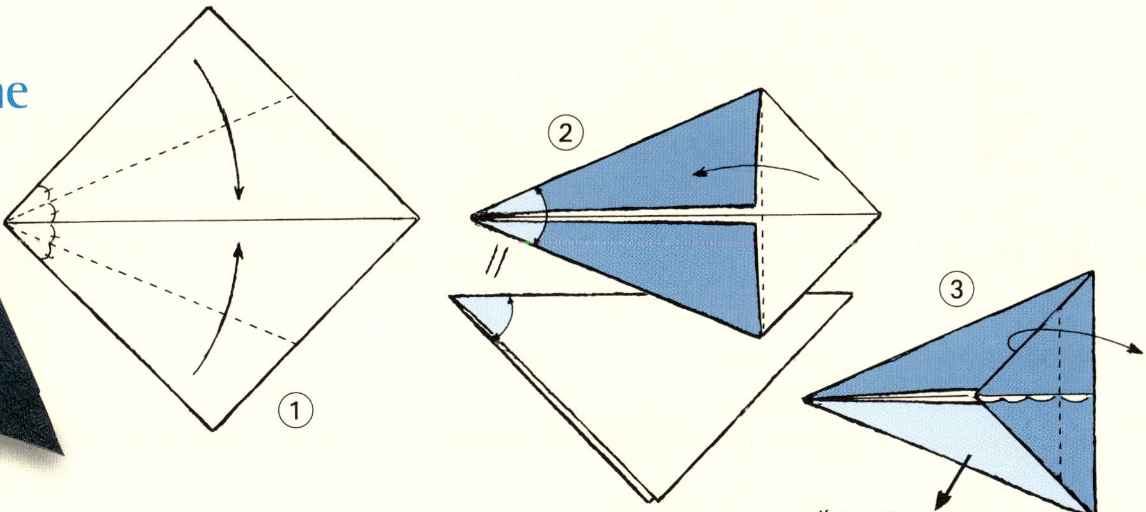

★ = 22,5°
★★ = 45°
★★★ = 67,5°

Machen Sie sich diese geometrischen Prinzipien zu eigen.

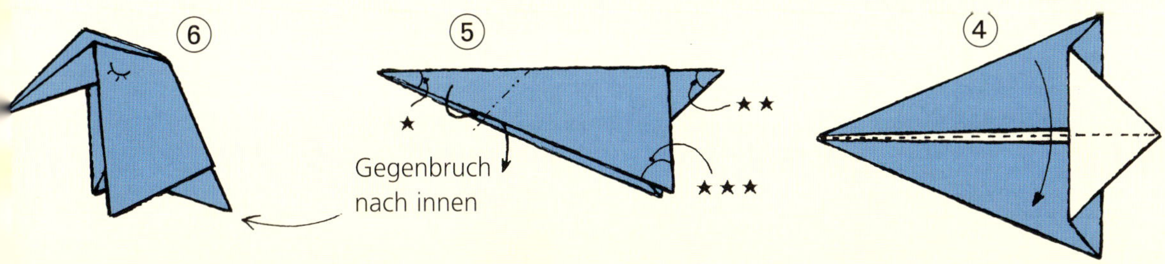

Die Dreiteilung von Winkeln

Dieses Modellbeispiel findet sich in »Die Gaben, Origami als Lehrmittel von Herrn Fröbel«. Zum Falten benötigen wir gleichseitige Dreiecke. Dazu müssen Sie aus dem Origami-Quadrat 60°-Winkel vorfalten. Da 60° zwei Drittel des rechten Winkels (90°) ausmachen, besteht der erste Schritt in einer Dreiteilung des rechten Winkels.

Davidstern

Blasen Sie vorsichtig von oben mit einem Strohhalm, und der Stern beginnt sich zu drehen...

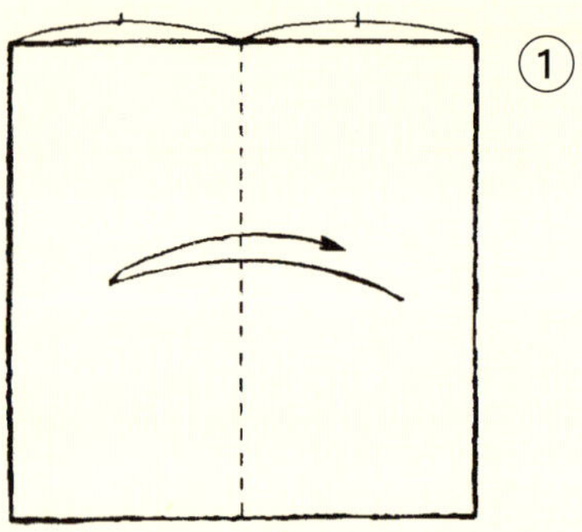

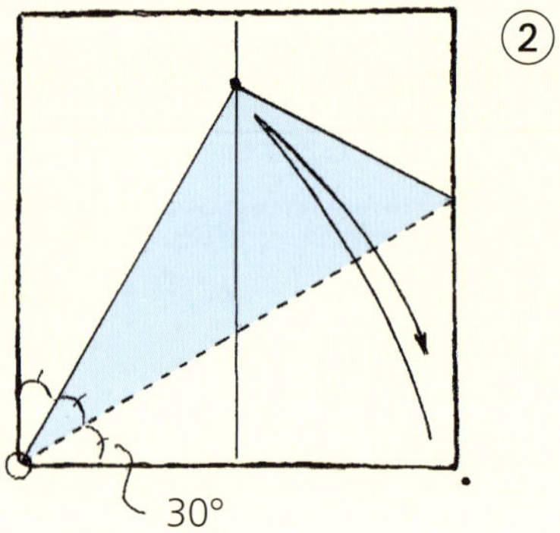

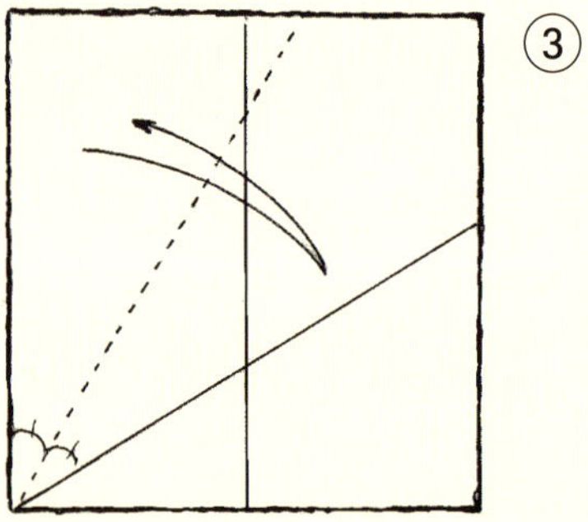

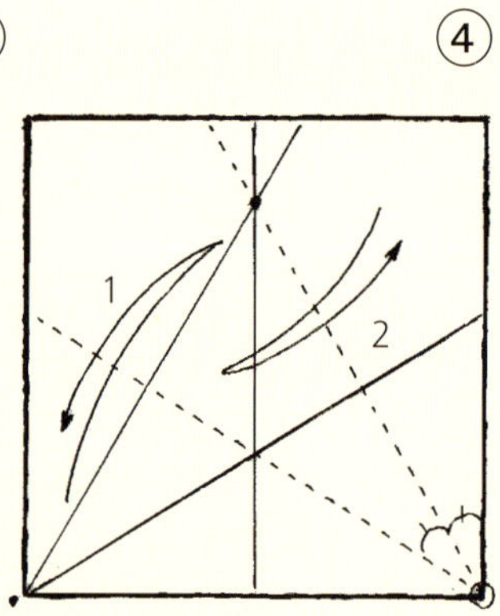

Die rechte Seite entsprechend der linken falten.

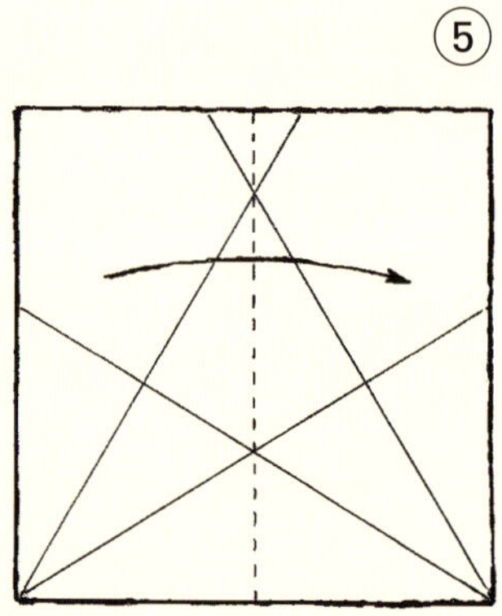

Wenn Sie den Davidstern einfarbig wollen, verwenden Sie das Papier doppelt.

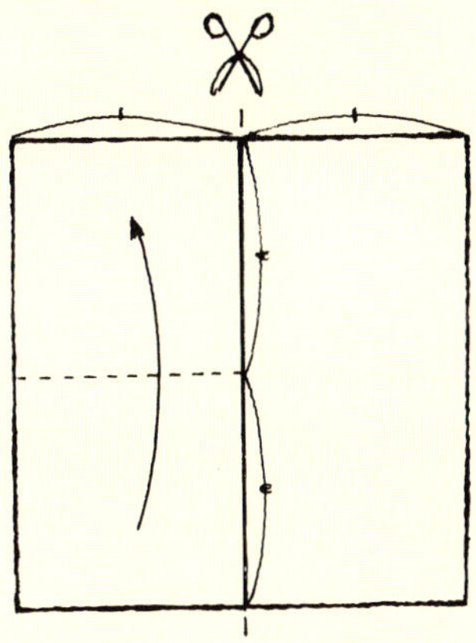

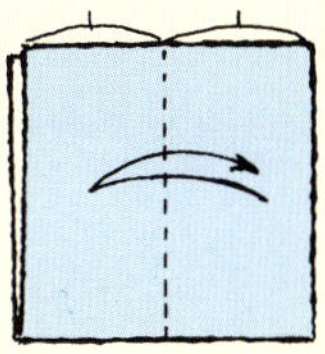

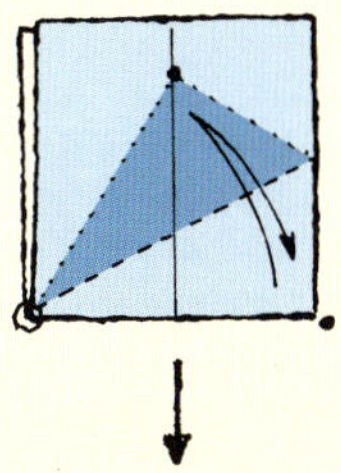

weiter ab Schritt 3

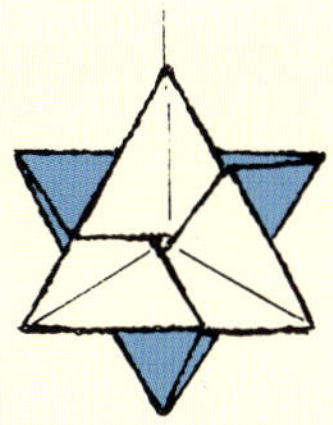

Wenn Sie den Stern in umgekehrter Richtung zusammensetzen, wird sich auch die Drehrichtung umkehren.

Die fertige Figur

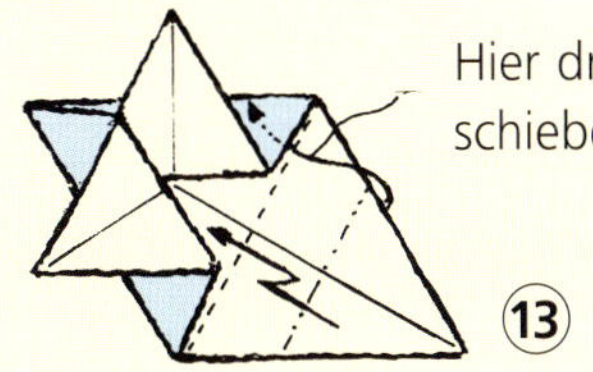

Hier drunterschieben.

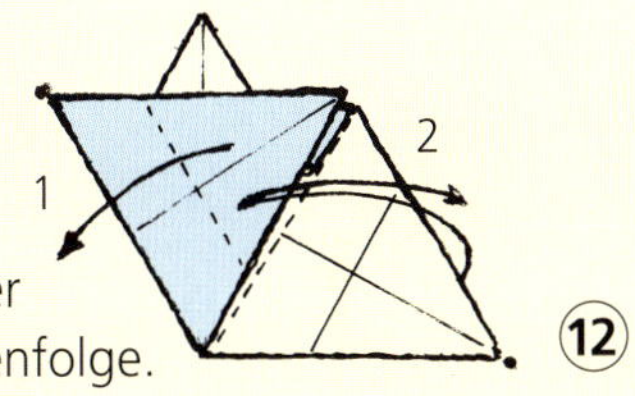

Auch hier falten Sie wieder in der angegebenen Reihenfolge.

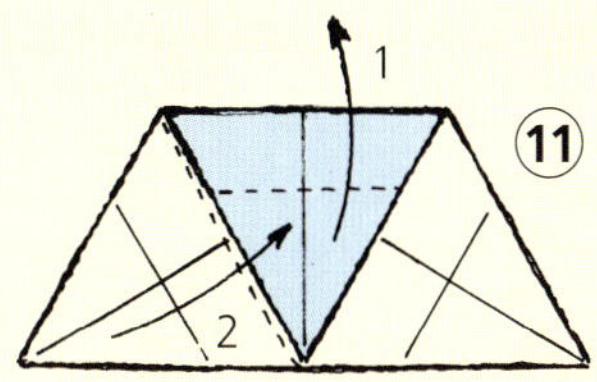

Eigenschaften des gleichseitigen Dreiecks

Merken Sie sich diese Eigenschaften gut.

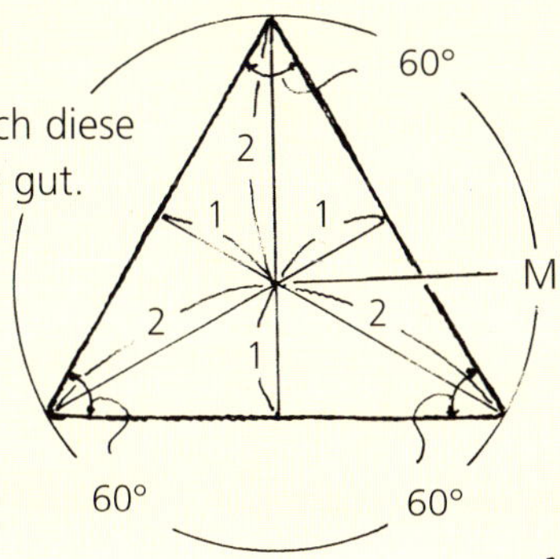

=

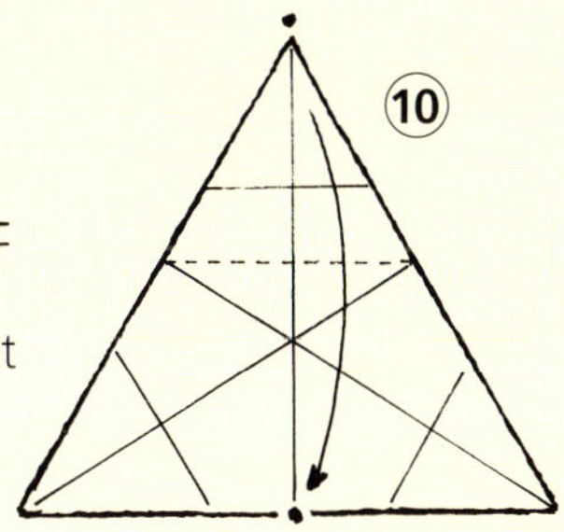

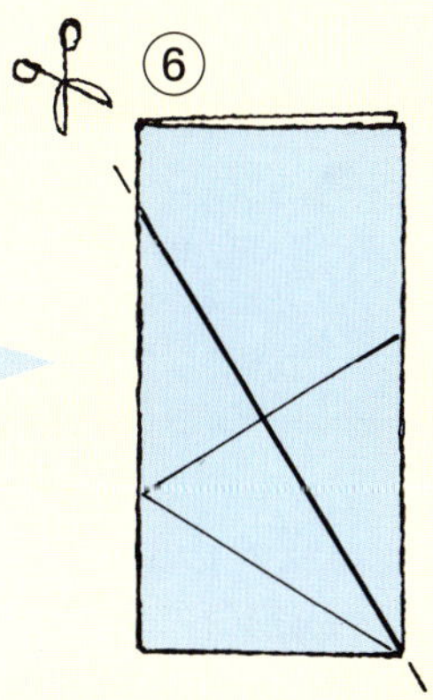

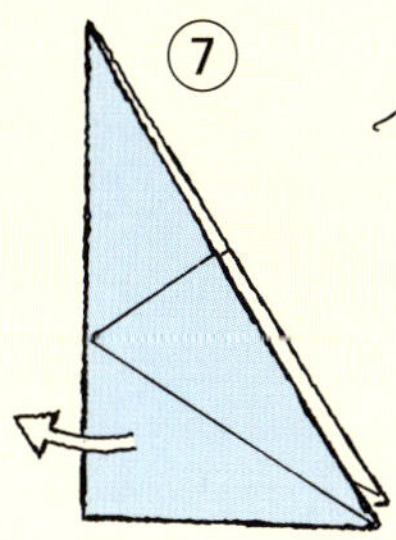

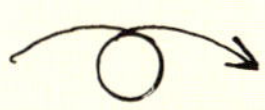

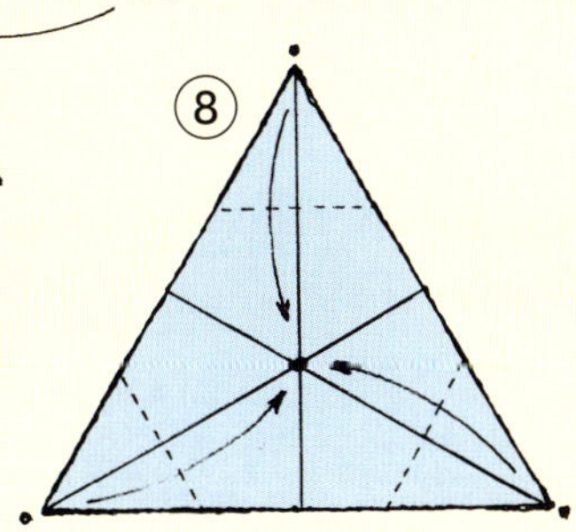

Gleichseitiges Dreieck

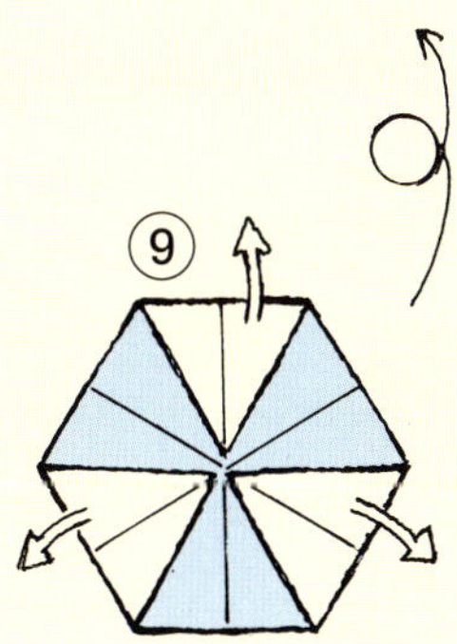

Regelmäßiges Sechseck

Regelmäßiges Sechseck

Die Falttechnik für ein gleichseitiges Dreieck haben Sie auf den vorhergehenden Seiten 16 und 17 kennen gelernt. Aus dem gleichseitigen Dreieck kann auf ganz einfache Weise auch das regelmäßige Sechseck gefaltet werden (siehe Zeichnung E). Diese Methode hat allerdings den Nachteil, dass das Sechseck sehr klein ausfällt. Denken wir also noch einmal darüber nach, wie aus dem Origami-Quadrat ein möglichst großes regelmäßiges Sechseck gebildet werden kann. Aus diesem ensteht dann eine schöne Vase (siehe Seite 19).

Gleichseitiges Dreieck und regelmäßiges Sechseck

E

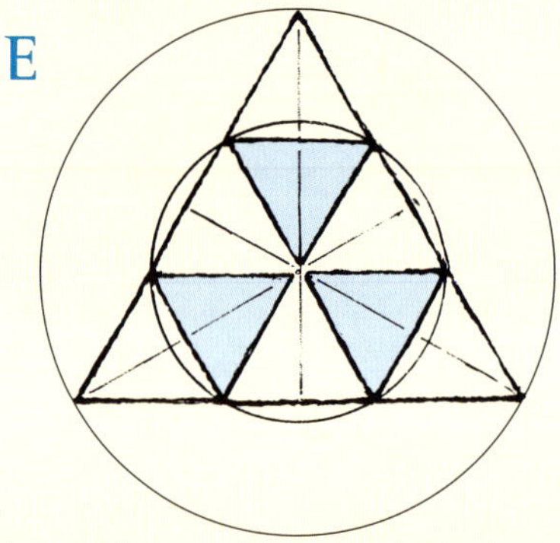

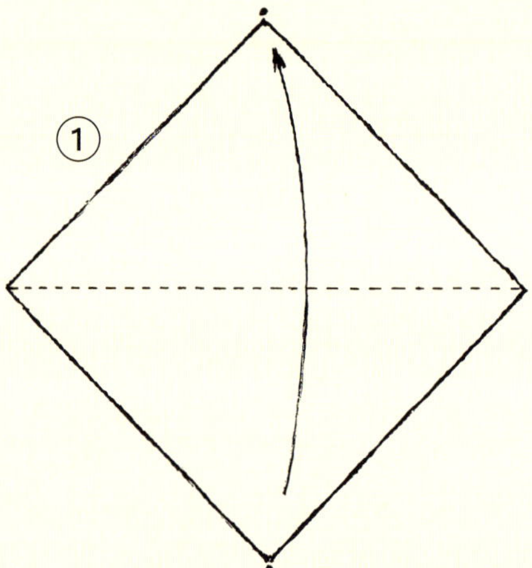

Die Punkte a und b mit einer kurzen Falte markieren.

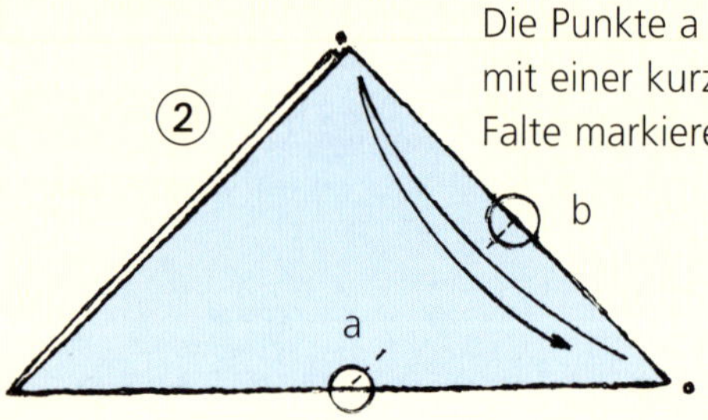

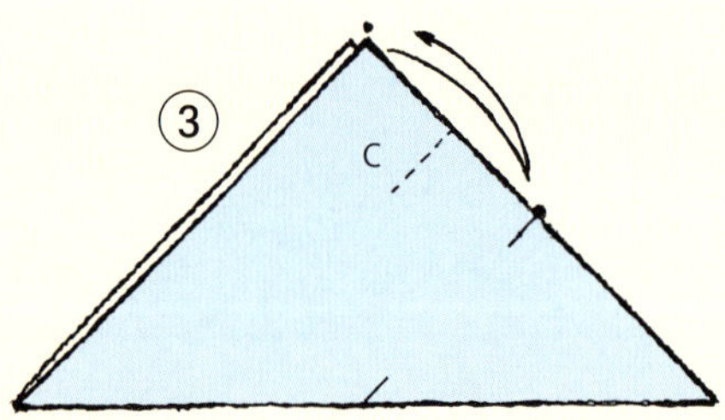

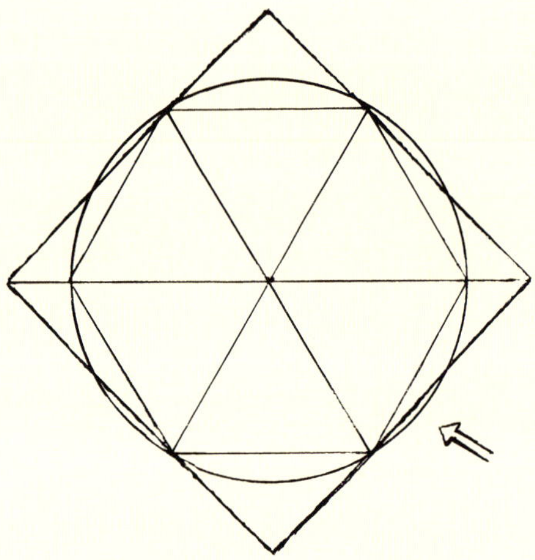

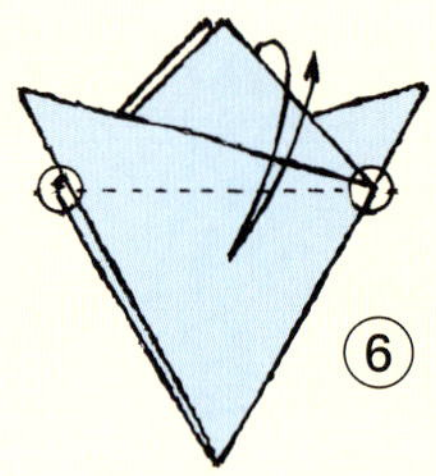

Punkt b soll auf der Markierungslinie c zu liegen kommen; Punkt a dient als Fixpunkt.

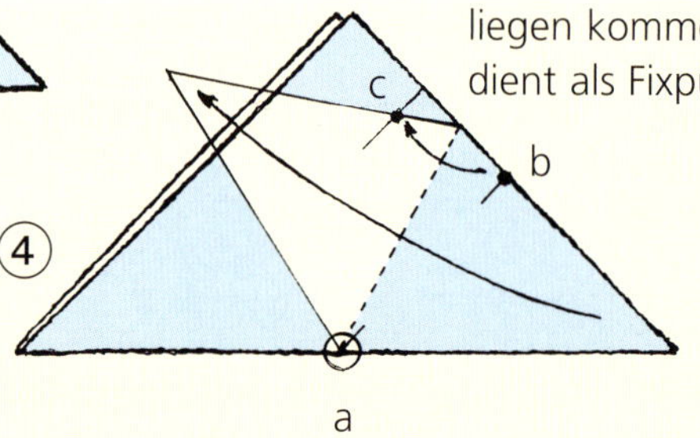

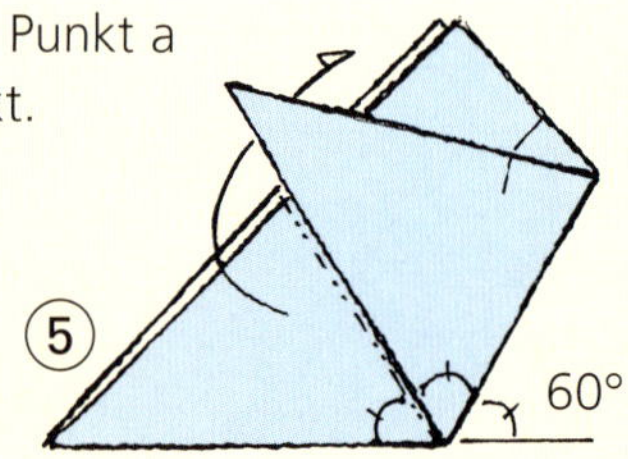

Blumenvase

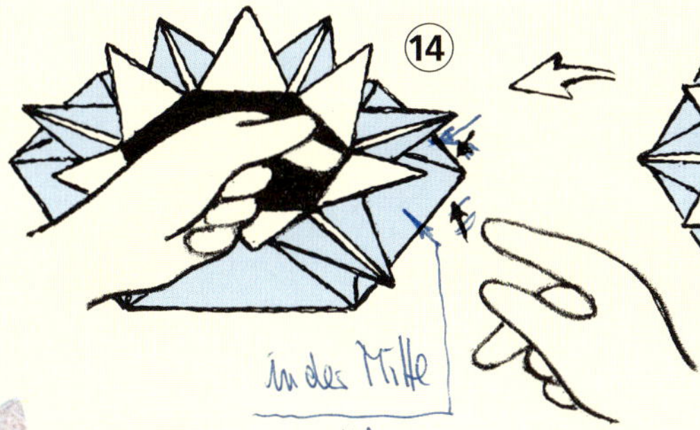

in der Mitte eindrücken

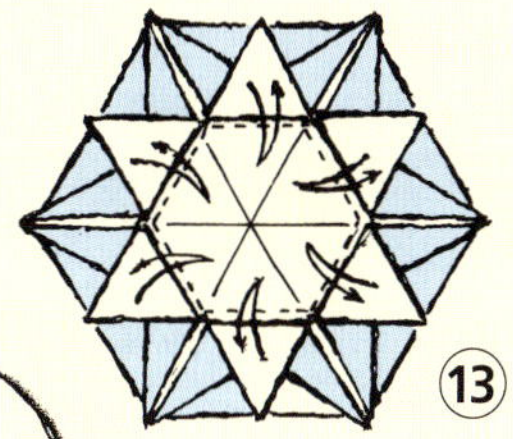

Begrenzung der Standfläche vorfalten.

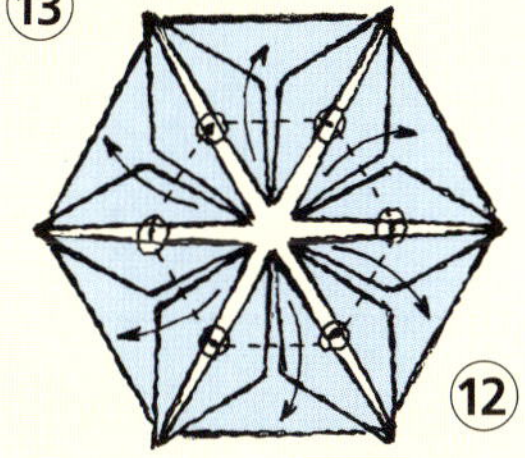

Eine Seite nach der anderen mit einem Finger von innen und den anderen von außen plastisch ausformen.

Die Eckrippe bleibt stehen.

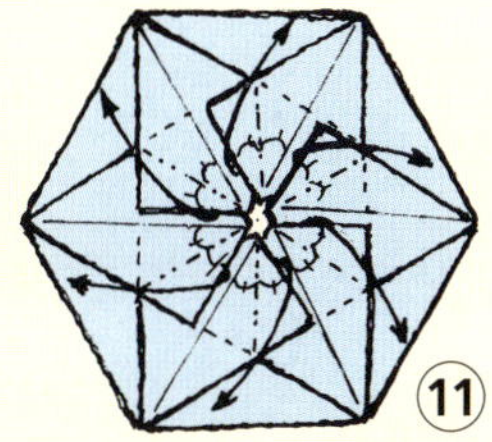

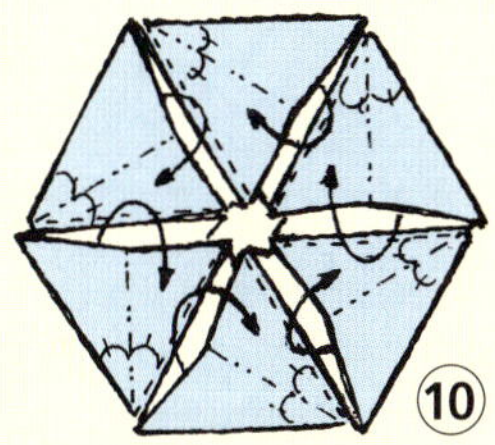

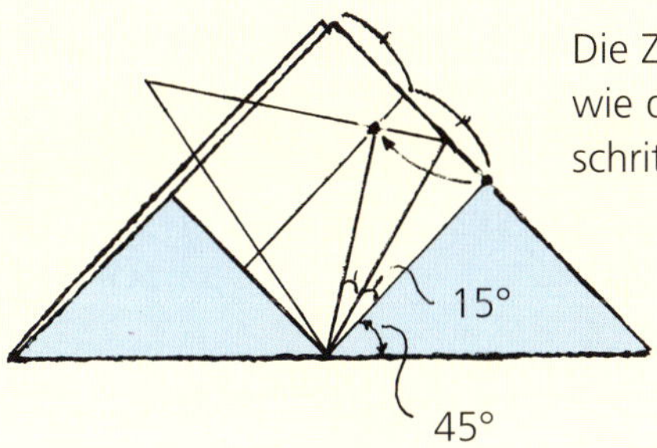

Die Zeichnung links zeigt, wie der 60°-Winkel in Faltschritt 5 entsteht.

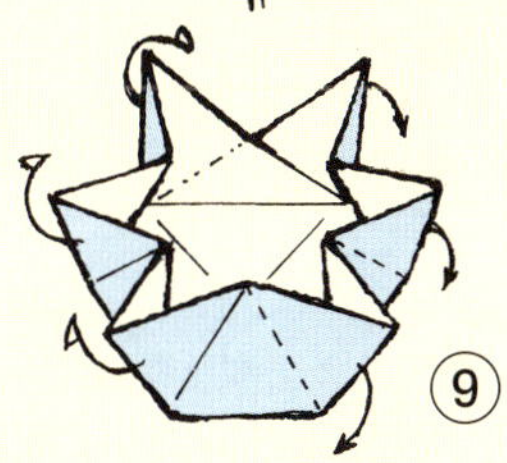

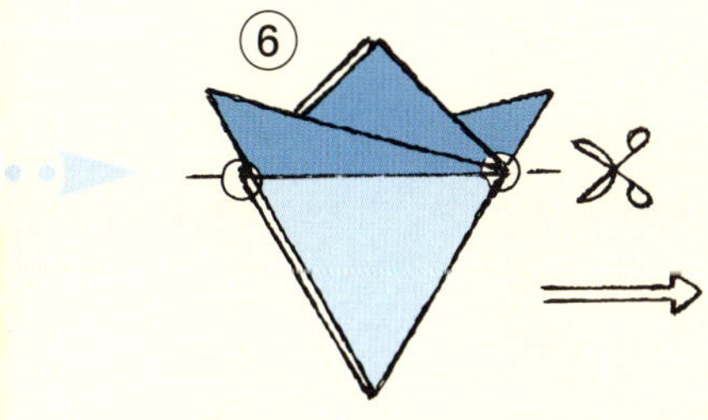

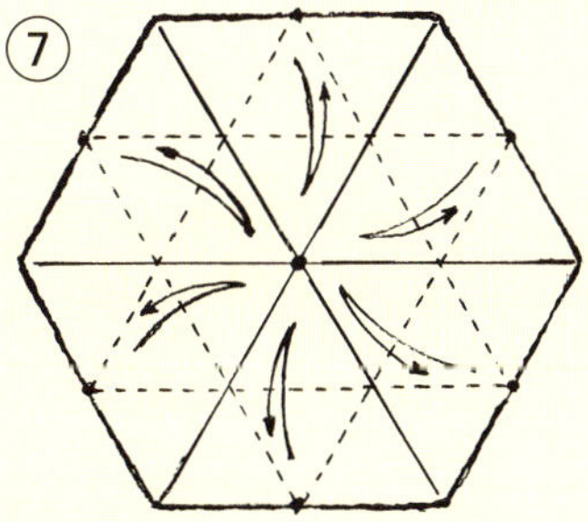

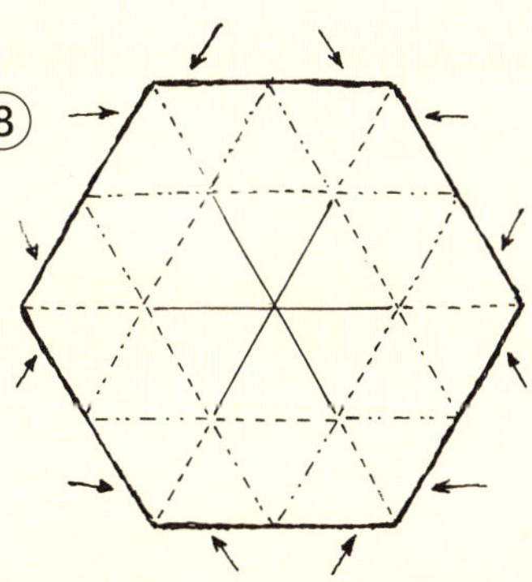

Falten Sie diese ungewöhnliche Vase auch einmal aus anderen regelmäßigen Vielecken.

Regelmäßiges Zwölfeck

Nach dem gleichseitigen Dreieck und dem regelmäßigen Sechseck falten wir das regelmäßige Zwölfeck.

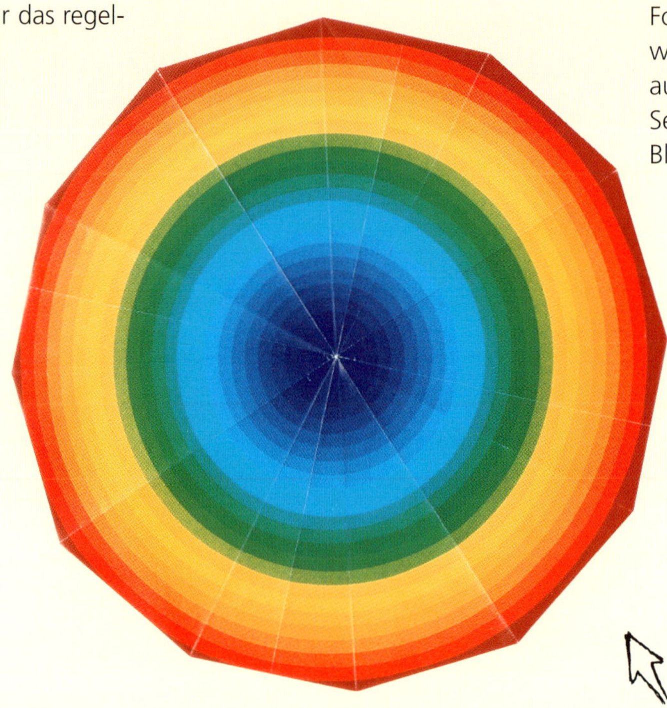

Falten Sie aus dieser Form, nach der Methode, wie sie für das Sechseck auf der vorhergehenden Seite gezeigt wurde, eine Blumenvase.

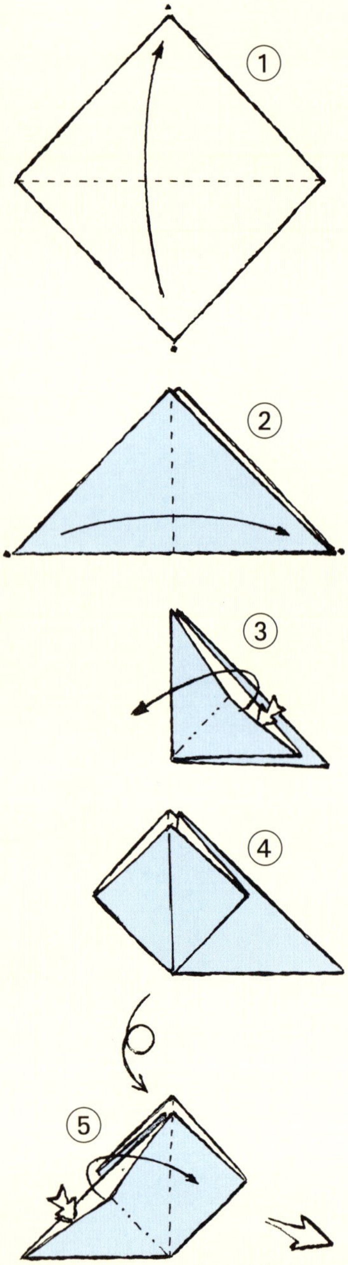

Markieren Sie nur die oberste Papierlage mit einer etwas längeren Markierungslinie.

90°: 3 = 30°, Dreiteilung des rechten Winkels wie beim Davidstern.

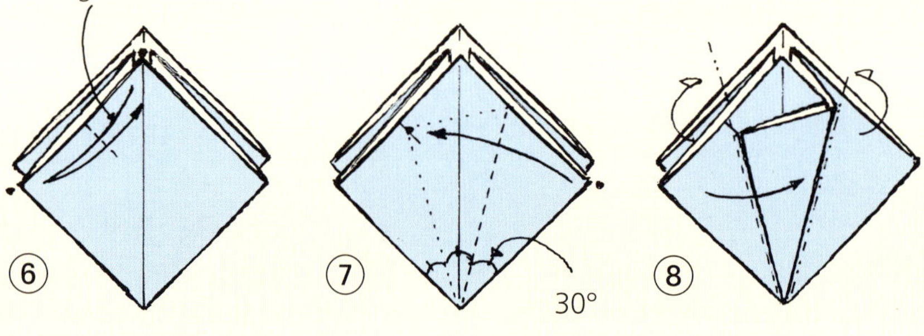

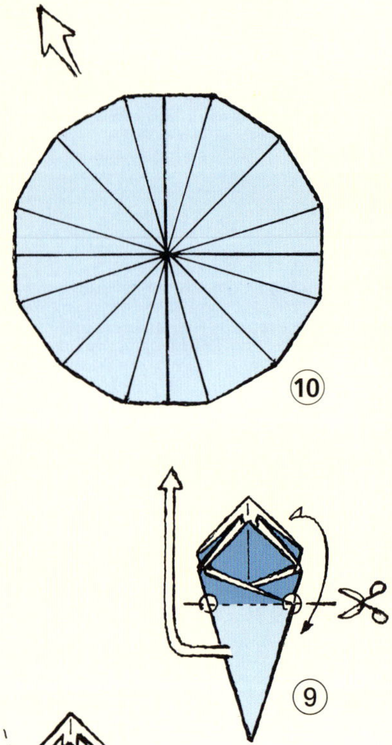

Zwölfflügeliger Blaskreisel

Dieses Beispiel zeigt, wie aus dem Quadrat unmittelbar eine Figur mit zwölf Ecken entstehen kann. Der Kreisel beginnt sich zu drehen, wenn man von oben kräftig darauf bläst.

Beginnen Sie mit der farbigen Seite nach oben und teilen Sie die Fläche in 16 gleich große Quadrate. Gehen Sie dabei in der angegebenen Reihenfolge vor.

1

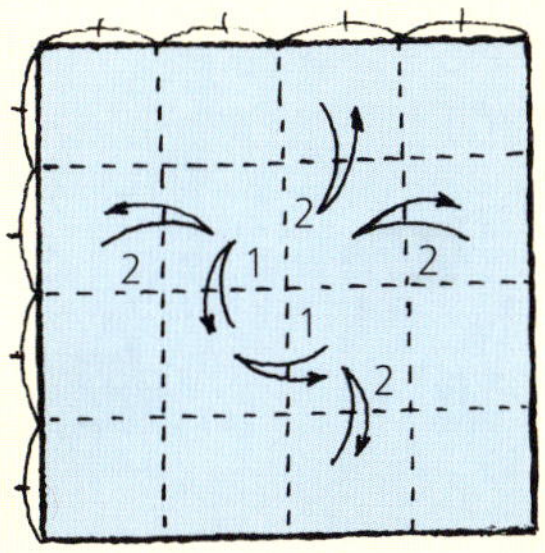

2

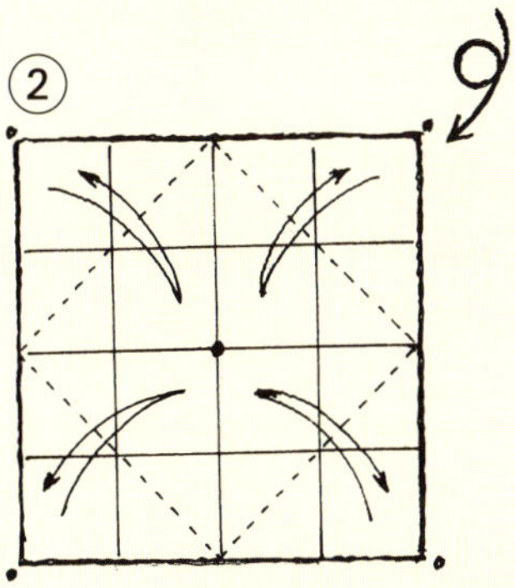

3

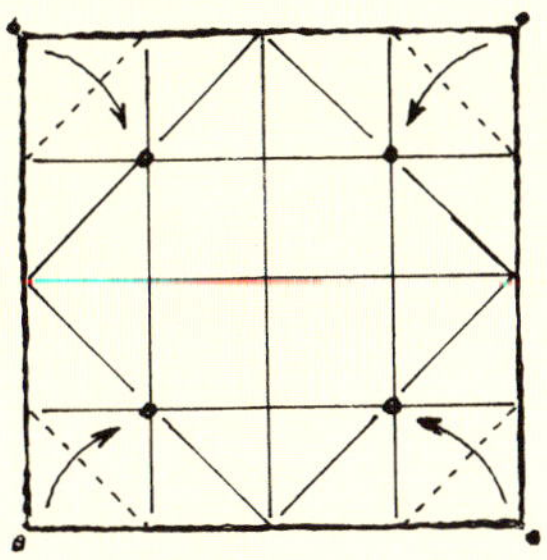

4

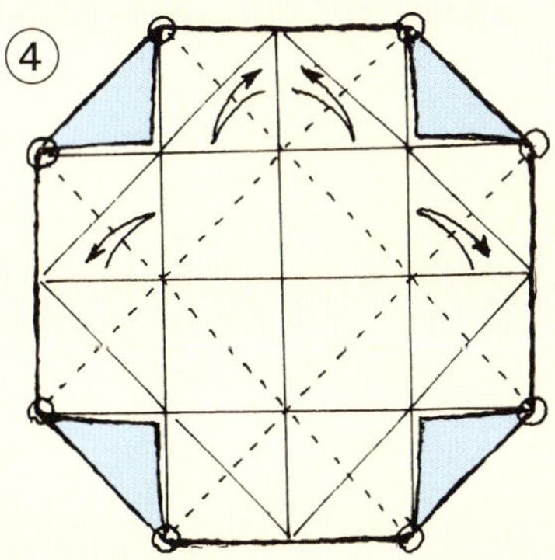

Die mit Kreisen markierten Streckenabschnitte der Talfalten zu Bergfalten umformen, und die Form zusammenklappen.

5

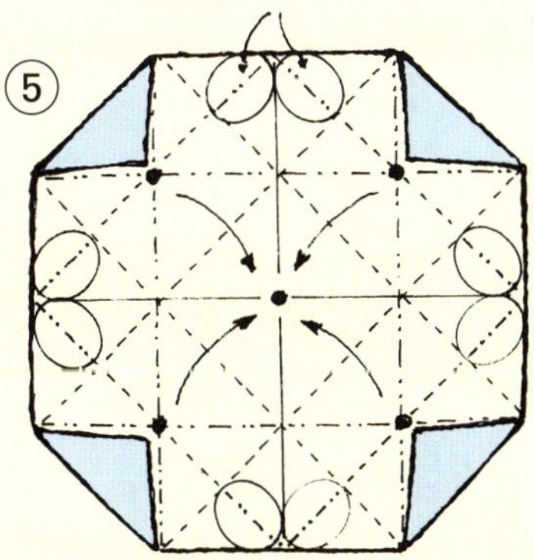

6

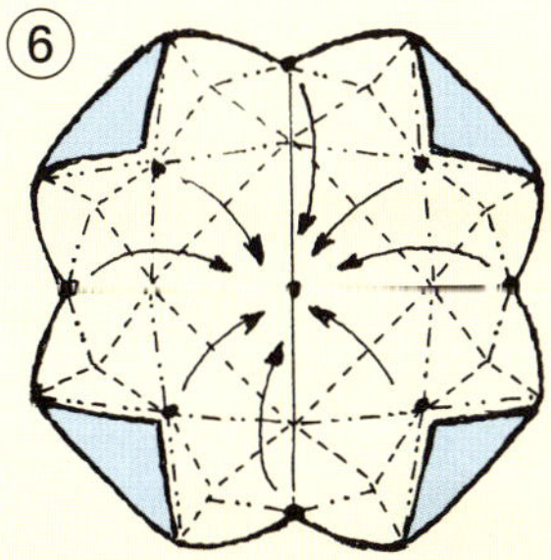

7

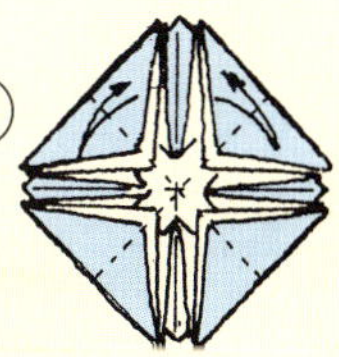

8

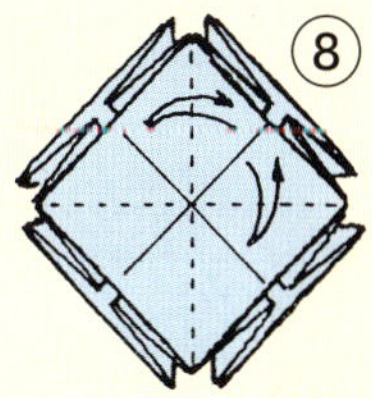

9

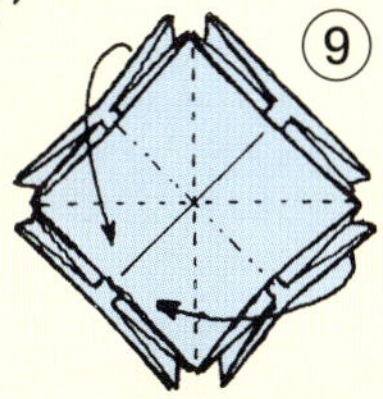

10

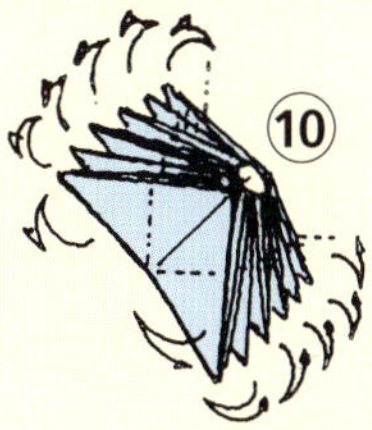

11

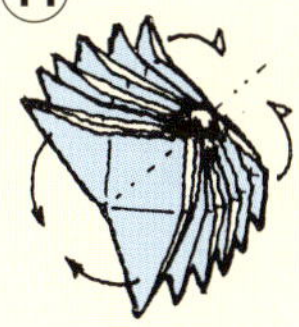

12

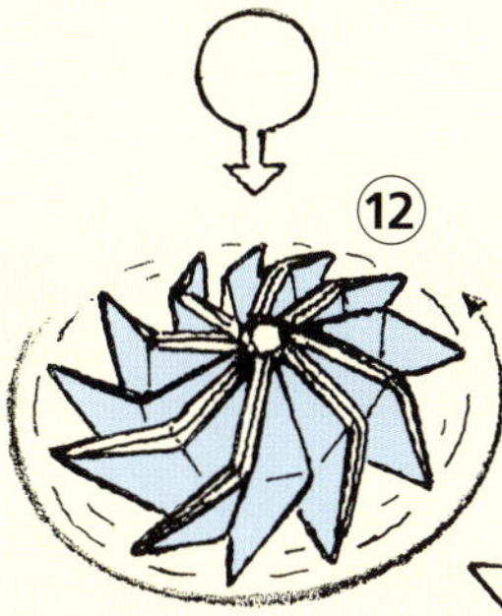

Die Dreiteilung von Strecken

Eine Strecke zu halbieren, d. h. in zwei gleiche Teile zu teilen, ist die einfachste Teilungsmethode und der elementare Origami-Handgriff. Aber mit diesem einfachen Kniff können wir erstaunlicherweise eine Strecke auch in drei, fünf oder sieben gleiche Teile teilen. Diese bemerkenswerte und verblüffende Faltmethode wurde von Herrn *Shuzo Fujimoto* entwickelt. Herr Shuzo Fujimoto ist Lehrer in einem japanischen Gymnasium und seine Arbeiten haben die Origamiwelt mit wichtigen Beiträgen bereichert.

Seine Teilungsmethode wird in Zeichnungen F-1 bis F-3 gezeigt. Im jeweils ersten Schritt wird eine beliebige Stelle am Papierrand markiert. In den nachfolgenden Schritten werden in einem bestimmten Rhythmus weitere Markierungen angebracht, wobei die neue Markierung die Strecke links (A) oder rechts (B) von der zuletzt gemachten Markierung teilt. Die neuen Markierungen treffen den gewünschten Teilungspunkt immer genauer.

Schon nach wenigen Wiederholungen ist der gewünschte Teilungspunkt mit der erzielbaren Faltgenauigkeit markiert. Diese Methode hat nur den kleinen Nachteil, dass sie einige unerwünschte Markierungen am Papierrand hinterlässt. Wer diese Fältchen vermeiden möchte, sollte einen Teilungsmaßstab benutzen. Diese Teilungsmaßstäbe sind einfach herzustellen. Wie diese Maßstäbe mit einer Zweierpotenz-Teilung zur Teilung von Strecken in ungeradzahlige gleich große Teile verwendet werden können, wird in Zeichnungen G-1 und G-2 gezeigt.

Eine noch einfachere Dreiteilung wird in Zeichnung H gezeigt. Die Methode ist jedoch keine mathematische und eignet sich auch nur zur Dreiteilung, sie ist aber (mit etwas Übung) schnell auszuführen und hinterlässt keine unerwünschten Markierungen.

Teilung durch Iteration

(nach Shuzo Fujimoto)

F-1

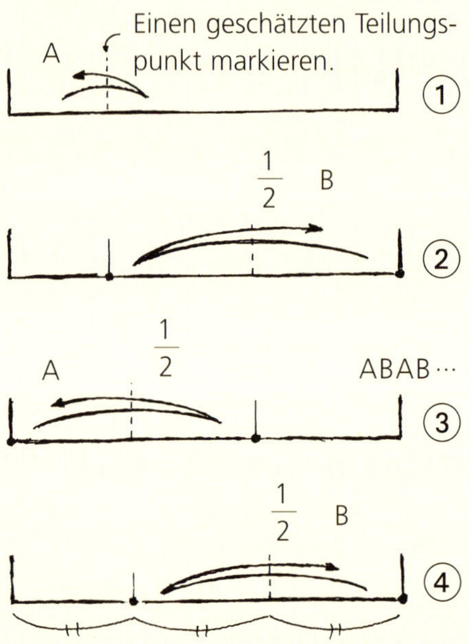

Faltrhythmus für die Dreiteilung: ABAB...

F-2

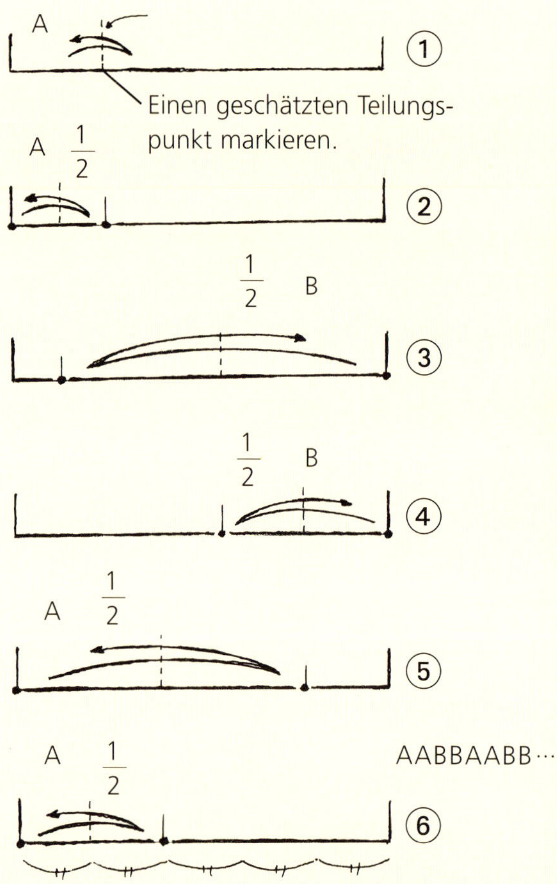

Faltrhythmus für die Fünfteilung: AABBAABB...

Herrn Fujimotos Teilungsmethode endet nicht bei der Siebenteilung, sondern es können Strecken in 9, 11, 13, ... 91, 101, ... usw. gleiche Teile geteilt werden. Können Sie die Faltrhythmen herausfinden?

F-3

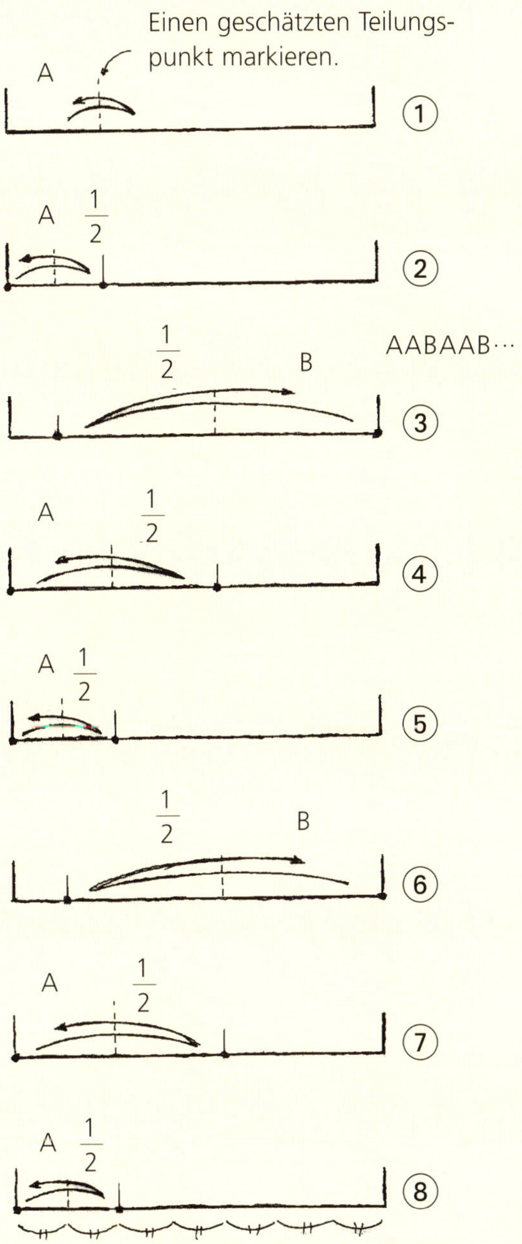

Faltrhythmus für die Siebenteilung: AABAAB...

Teilungsmaßstab für Teilungsverhältnisse 1:5 bis 1:7

G-1

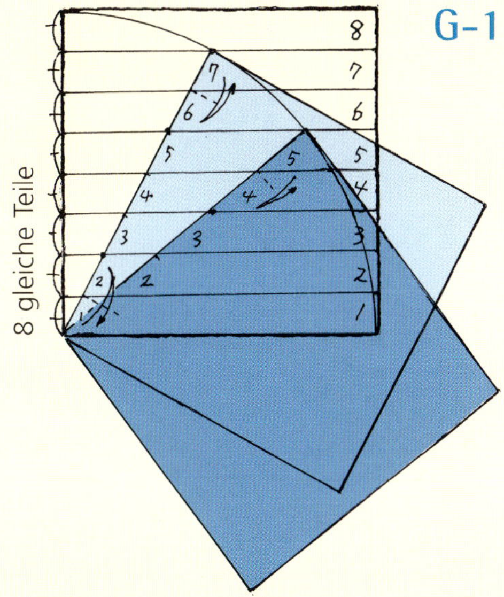

Teilungsmaßstab für Teilungsverhältnisse 1:9 bis 1:15

G-2

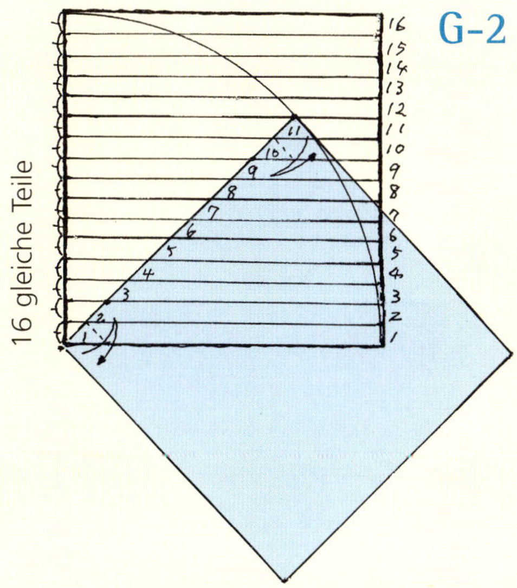

H

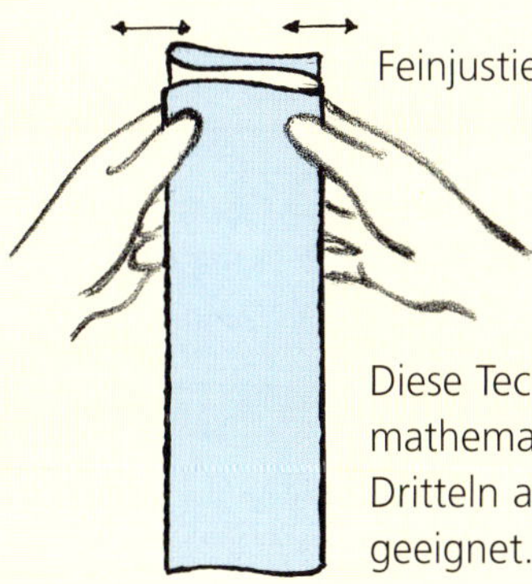

Diese Technik ist keine mathematische, für das Dritteln aber am besten geeignet.

Sternschnuppe
(nach Jun Maekawa)

Anhand dieser zauberhaften Sternschnuppe können Sie die soeben erlernte Methode zur Teilung von Strecken in gleiche Abschnitte schon ein erstes Mal im Modell umsetzen. Als Vorlage diente das Meisterwerk von *Jun Maekawa* (siehe Seite 25).

Durch eine Änderung des Teilungsfaktors konnte ich die Falttechnik erheblich vereinfachen. Die vorgestellte Methode beruht auf einer Zwölfteilung.

①

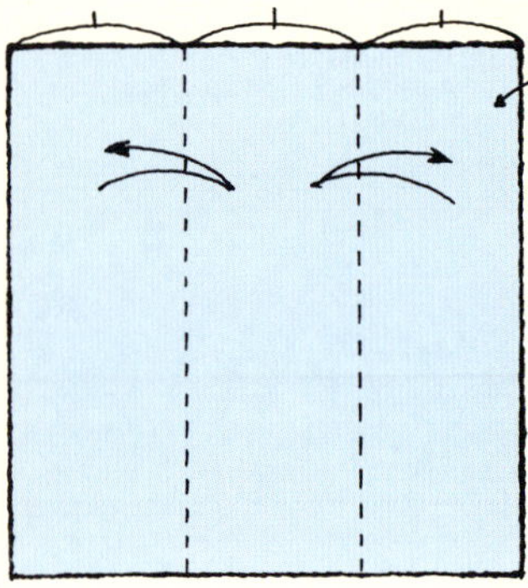

Beginnen Sie mit derjenigen Seite nach oben, die beim fertigen Stern sichtbar werden soll.

②

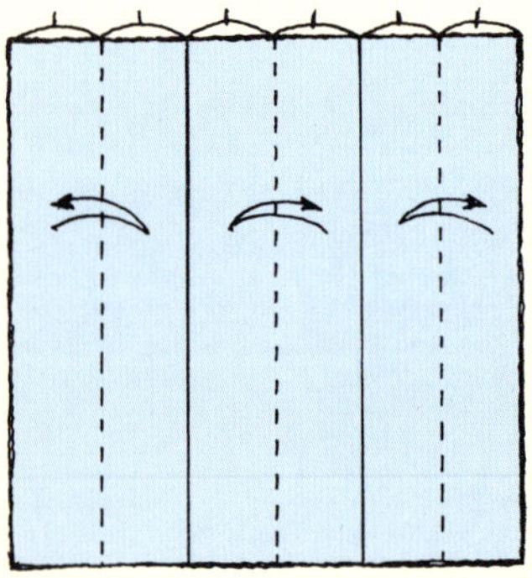

Auf beiden Seiten dreimal einen Gegenbruch nach innen ausbilden.

③

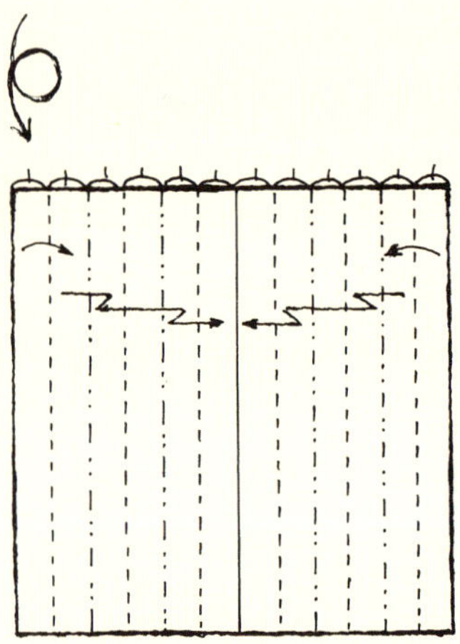

④

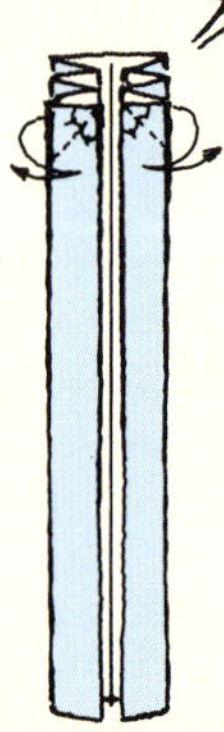

⑤

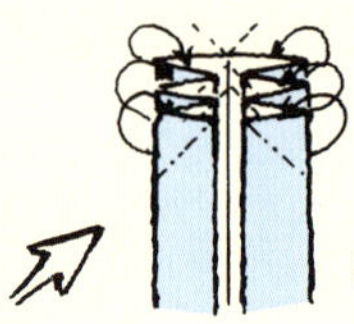

⑥

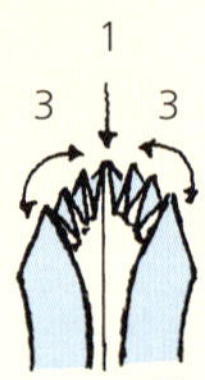

Insgesamt entstehen so sieben Spitzen.

⑦

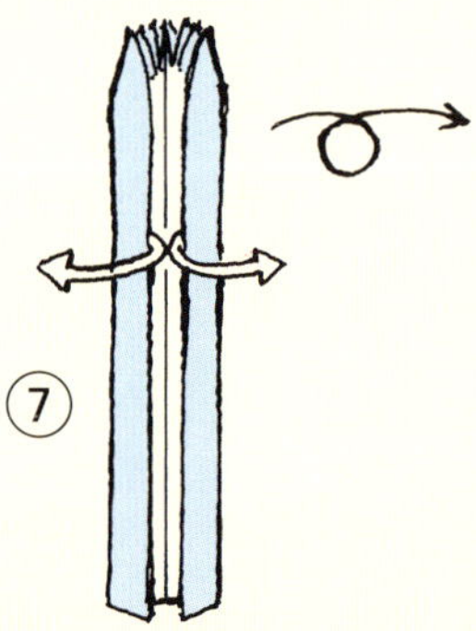

Aufklappen und wenden.

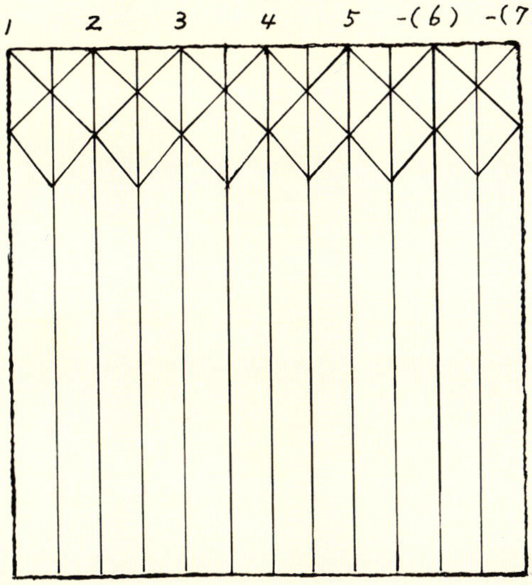

Diagramm der vereinfachten Version

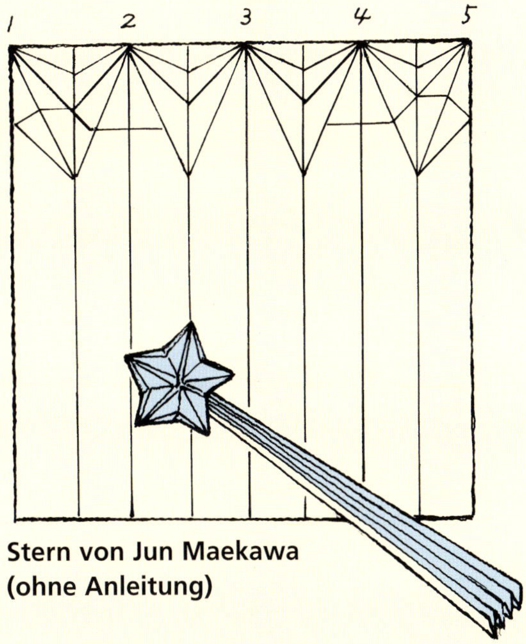

Stern von Jun Maekawa (ohne Anleitung)

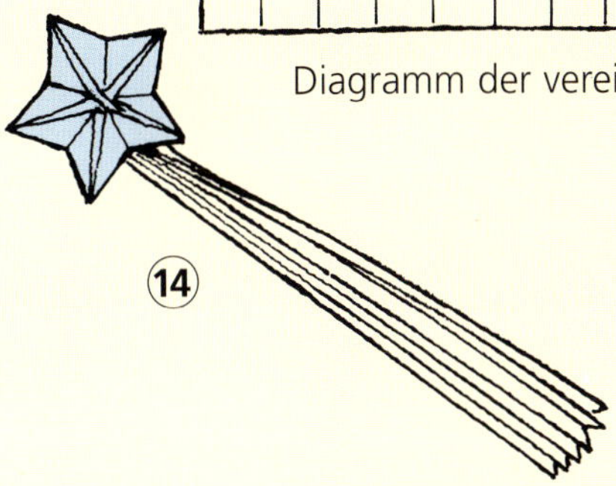

Jetzt ist die Sternschnuppe an Ihrem Origami-Himmel fertig.

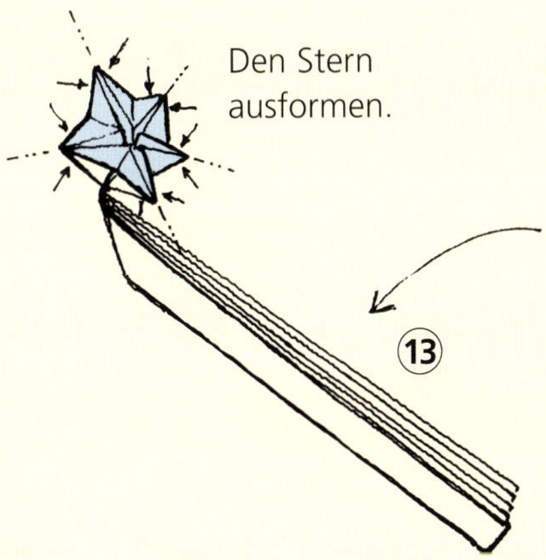

Den Stern ausformen.

Kräftig falten.

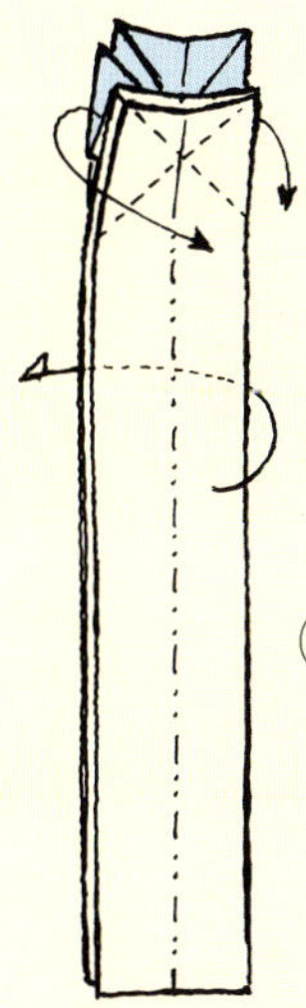

Von der Mittellinie aus nach hinten falten.

Nur die markierten Berg- und Talfalten falten.

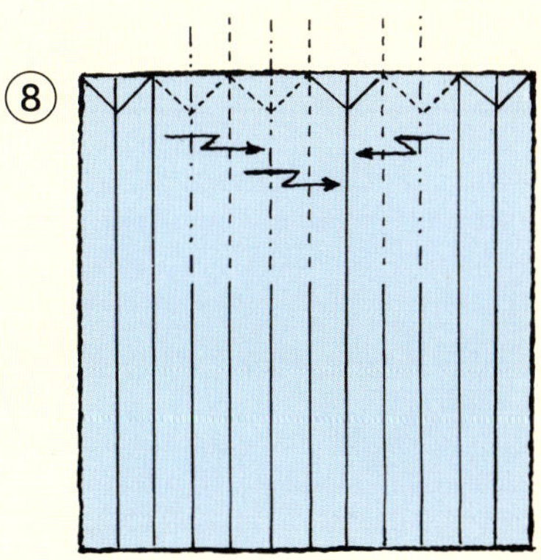

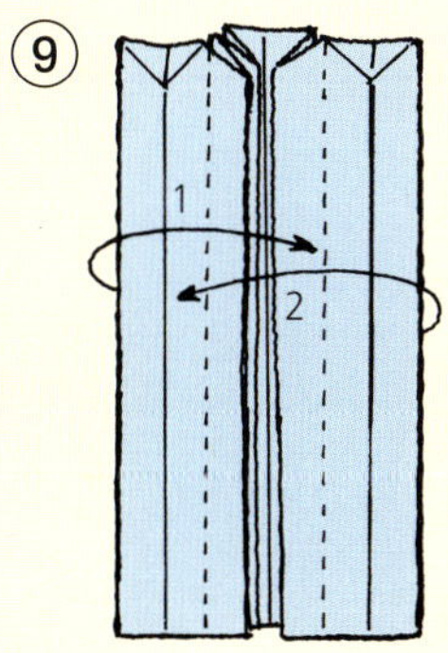

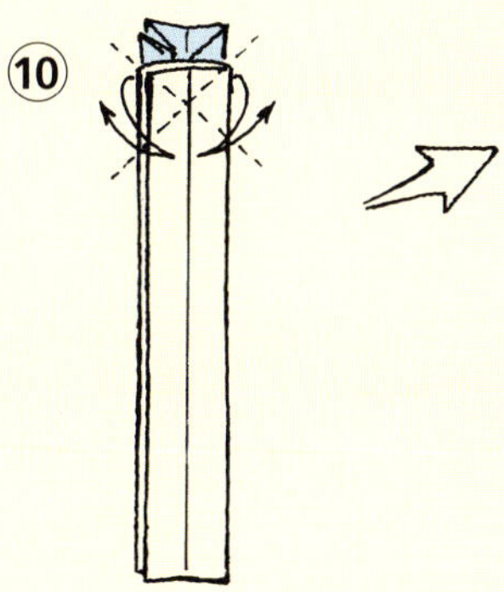

in der angegebenen Reihenfolge falten.

Regelmäßiges Achteck

Das regelmäßige Achteck kann durch wiederholte Winkelhalbierung sehr einfach gebildet werden. Ich möchte Ihnen hier eine andere Technik – das so genannte »Iso-area folding« – vorstellen, die von *Toshikazu Kawasaki*, einem japanischen Mathematiker und herausragenden Origami-Forscher, entdeckt wurde.

Besonders eindrucksvoll wirkt das Ergebnis, wenn Sie zwei verschiedenfarbige Papiere verwenden, deren Flächen sich dann wie bei einer Umarmung eng miteinander verbinden. Durch weiteres Falten entsteht ein Ufo.

Ufo

Zwei verschiedenfarbige Papiere mit der farbigen Seite nach oben aufeinander legen.

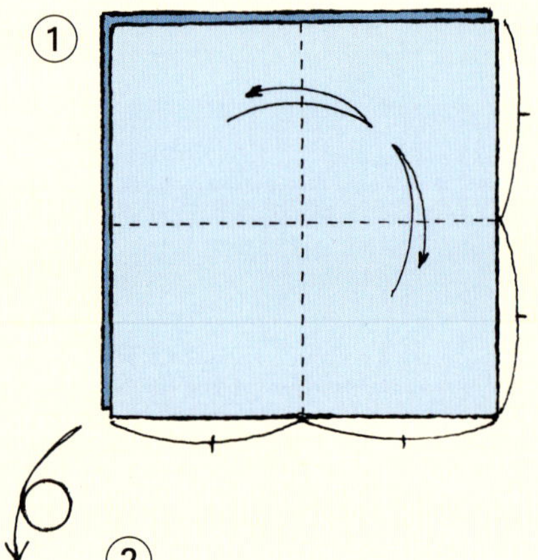

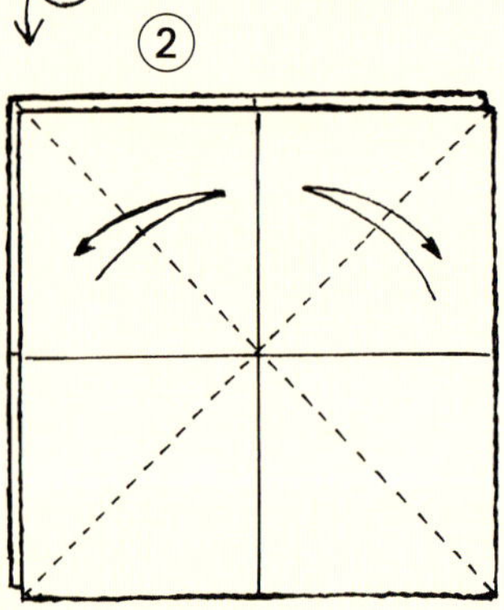

Die beiden Papiere trennen.

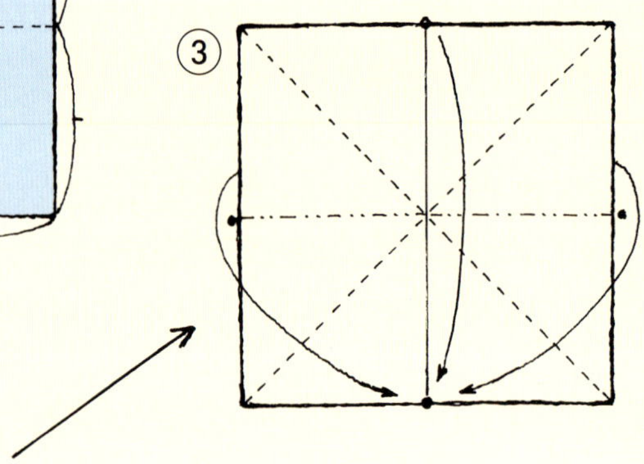

Wie durch die Pfeile angezeigt zusammenfalten.

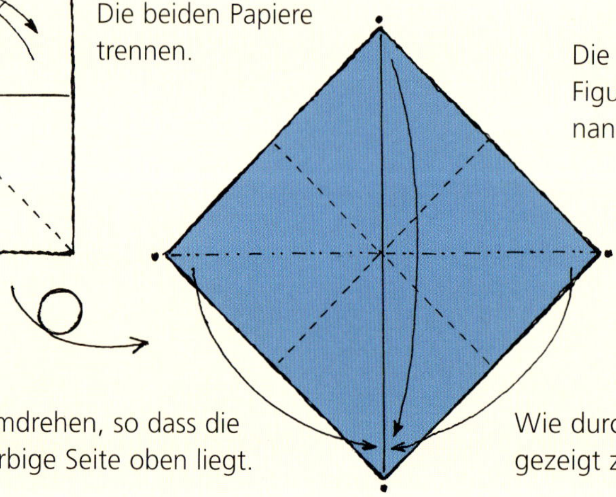

Umdrehen, so dass die farbige Seite oben liegt.

Wie durch die Pfeile angezeigt zusammenfalten.

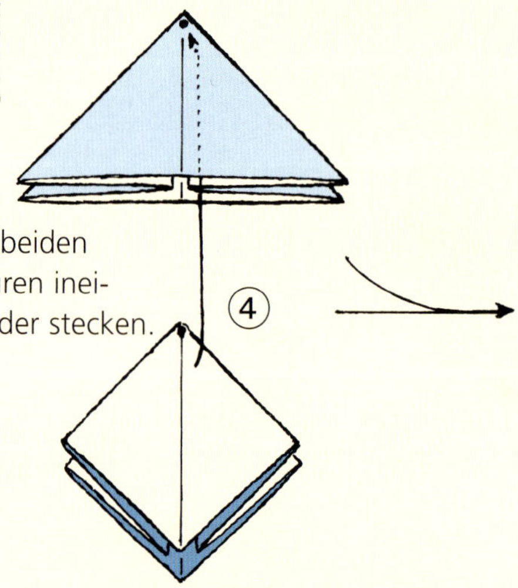

Die beiden Figuren ineinander stecken.

Wie oft man auch wendet, die Form bleibt immer die gleiche. Das ist »Iso-area«. Außer einem Ufo kann diese Form auch eine Qualle oder Seeanemone darstellen.

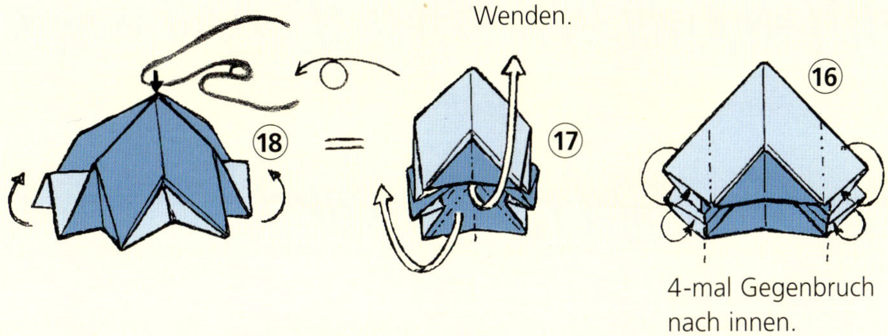

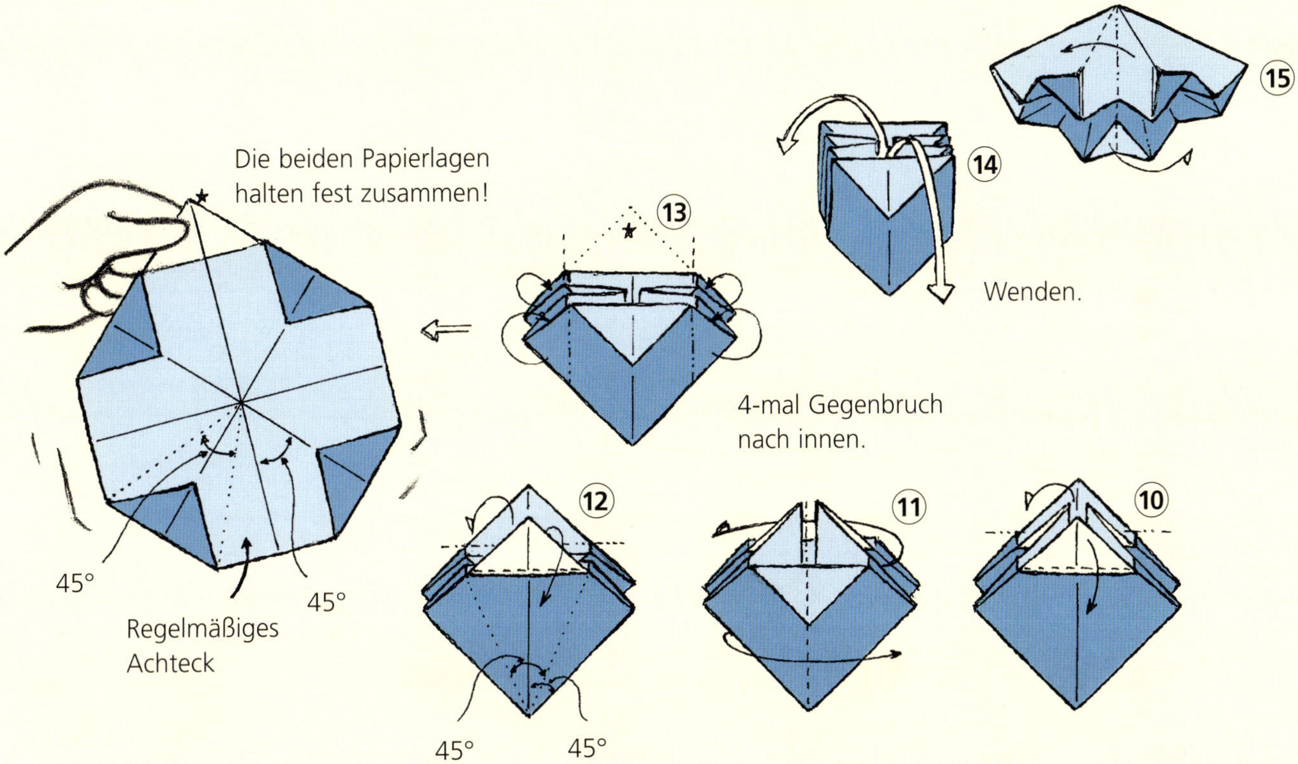

Wenn Sie dieses Prinzip verstanden haben, können Sie das regelmäßige Achteck auch aus einem Blatt Papier falten.

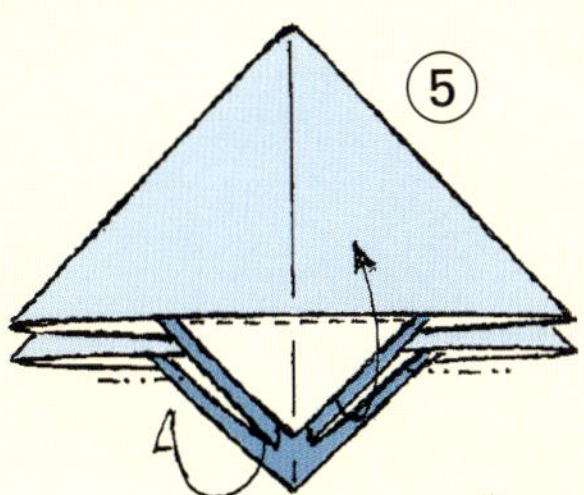

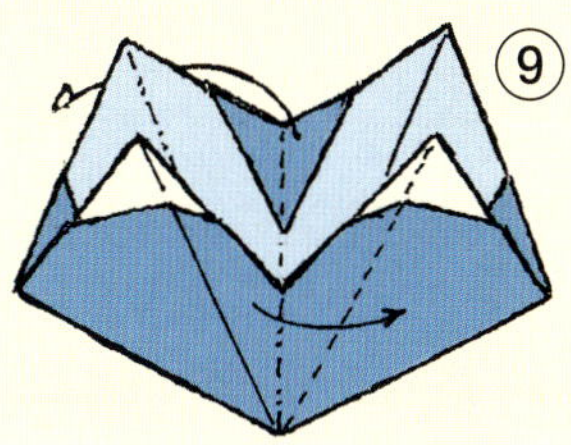

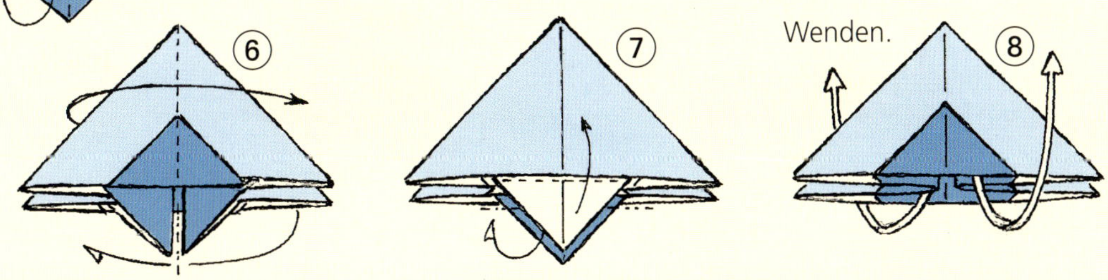

Regelmäßiges Fünfeck

Viele Blüten haben fünf Blütenblätter, z. B. Sakura (Kirschblüte) – das Symbol Japans –, Ume (japanische Pflaumenblüte), Momo (Pfirsichblüte), Kikyo (Bergglocke) und andere. Aus einem Quadrat fünf gleich große Blütenblätter zu falten, ist – wie Sie sich bestimmt vorstellen können – eine schwierige Aufgabe. Mit einer fünfeckigen Papierform statt des Quadrats dürfte dies schon leichter fallen. Leider ist aber auch die Herstellung eines regelmäßigen Fünfecks eine ziemlich »harte Nuss«.

Natürlich könnte man den 360°-Winkel im Mittelpunkt des Quadrats durch 5 teilen (360° : 5 = 72°). Aber 72° lassen sich nicht so einfach falten wie 120° (gleichseitiges Dreieck), 90° (Quadrat), 60° (regelmäßiges Sechseck), 45° (regelmäßiges Achteck) oder 30° (regelmäßiges Zwölfeck). Schon viele Menschen haben sich bemüht, ein regelmäßiges Fünfeck zu falten.

Im Folgenden werden zwei von mehreren Lösungen vorgestellt – eine nach japanischer und eine nach amerikanischer Tradition.

Der Fehler bei der amerikanischen Methode liegt bei –0,6 %, bei der japanischen Methode bei +0,2 %. Diese Abweichungen sind kleiner als die beim Falten erreichbare Genauigkeit; daher sind beide Techniken praktische Näherungslösungen.

Amerikanische Methode

Nach dieser Technik ist leichter zu falten, allerdings fällt das Fünfeck etwas kleiner aus (siehe Zeichnung Seite 29).

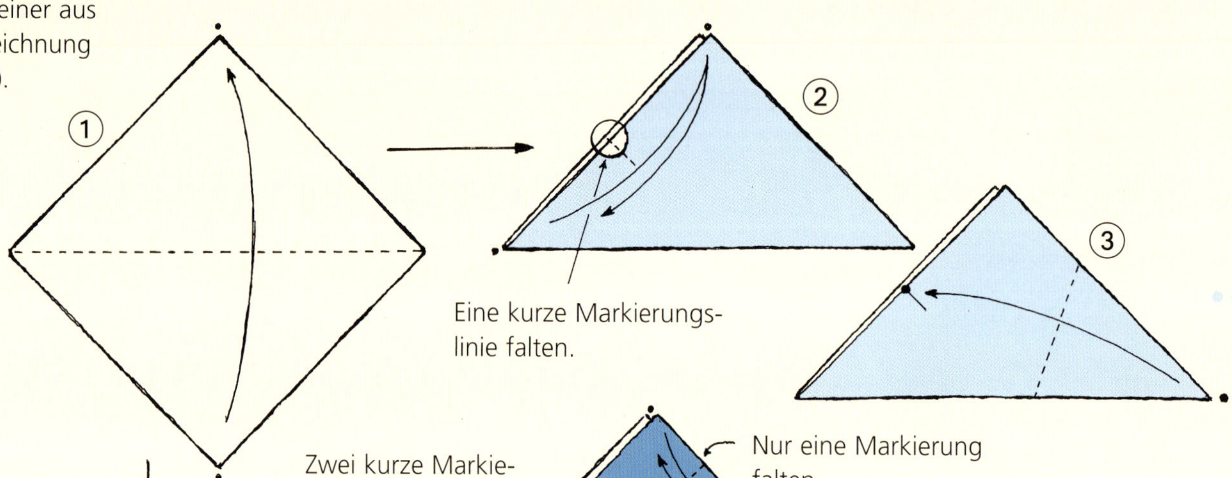

Japanische Methode

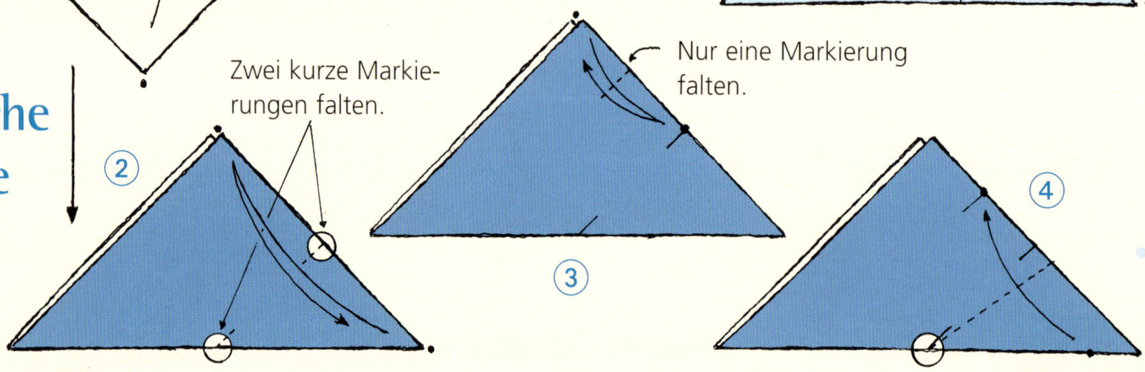

Kirschblütenwappen

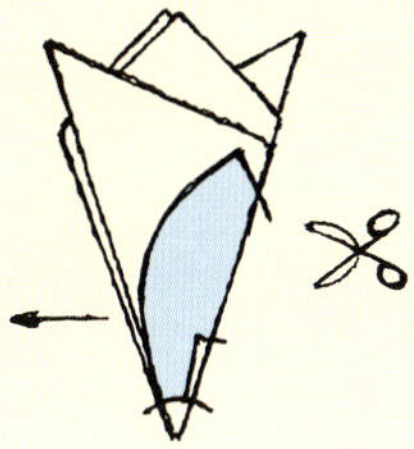

Seimeikikyo-wappen

Monkiri

Monkiri ist eine Scherenschnitttechnik, bei der durch einfache Schnitte in ein Stück mehrfach gefaltetes Papier symmetrische Muster erzeugt werden. Die Fotos zeigen eine Kirschblüte und ein Pentagramm. Beide stellen auch japanische Familienwappen dar. Das Pentagramm (= Drudenfuß) war schon in der Antike den Pythagoräern bekannt.

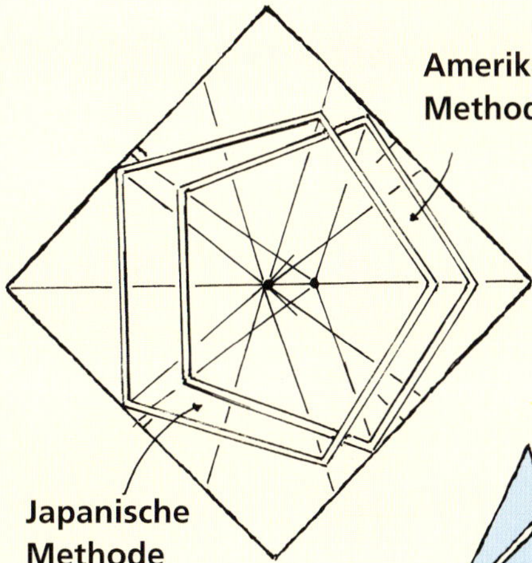

Das Diagramm zeigt die Ergebnisse beider Methoden.

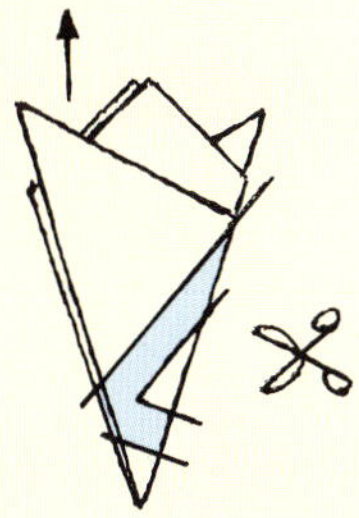

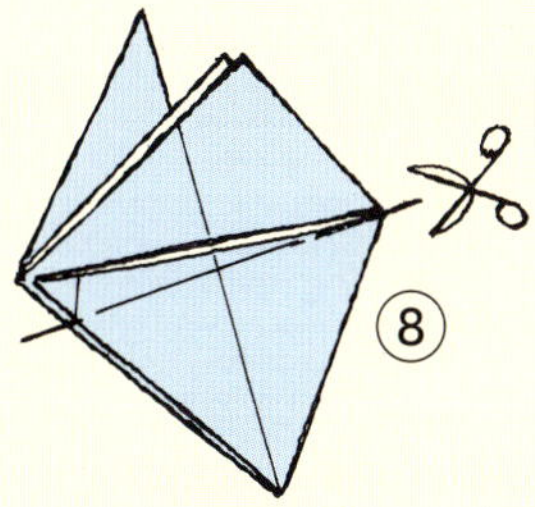

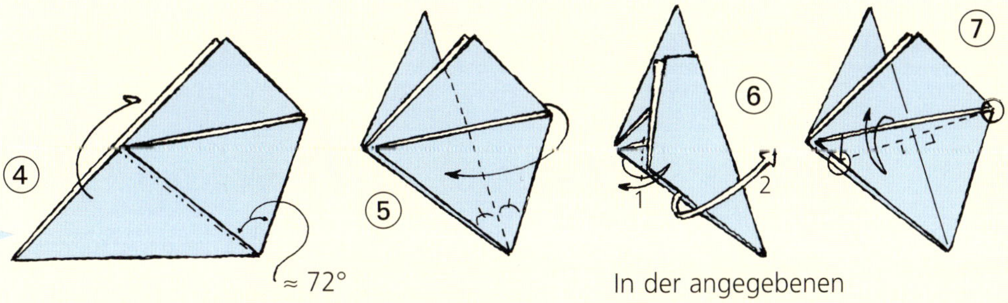

In der angegebenen Reihenfolge falten.

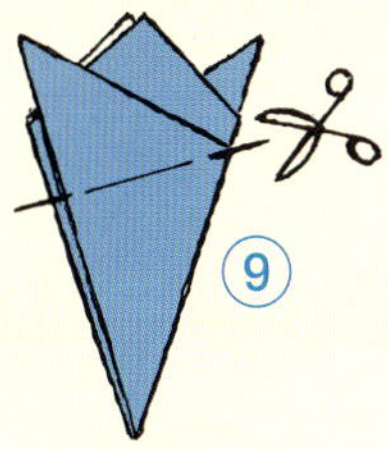

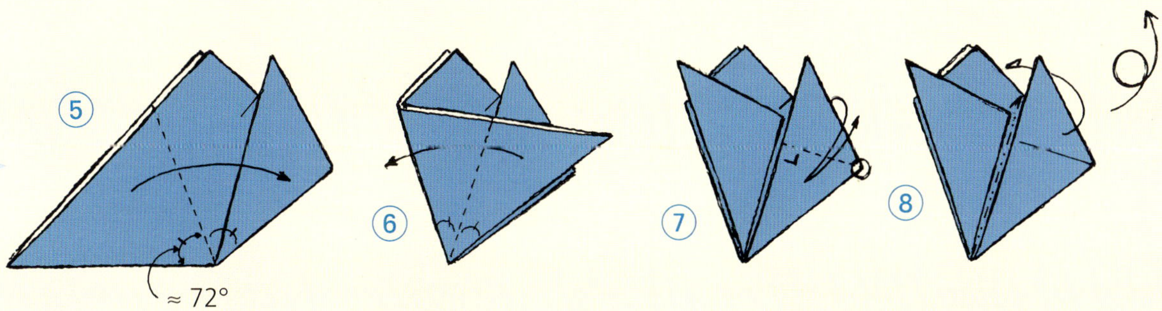

Eigenschaften des regelmäßigen Fünfecks

Die beiden Falttechniken liefern den Zentriwinkel eines regelmäßigen Fünfecks mit nur einem sehr geringen Fehler gegenüber dem theoretisch exakten Wert. Allerdings stört mich die Bezeichnung »Fehler« ein wenig. Will man den 360°-Winkel durch Falten in 5 gleiche Teile teilen, lässt sich ein Fehler kaum vermeiden. Überprüft man jedoch die Eigenschaften des regelmäßigen Fünfecks unter einem anderen Aspekt, stößt man auf einen Zusammenhang mit dem Goldenen Schnitt (siehe Zeichnung I).
Heute wird ein exaktes regelmäßiges Fünfeck häufig mit Hilfe der Regeln des Goldenen Schnitts konstruiert – was allerdings ziemlich schwer zu falten ist.
Ich habe eine Methode entdeckt, mit der man eine Zeichenschablone für ein regelmäßiges Fünfeck ohne theoretischen Fehler sehr einfach falten kann.

Anmerkung des Lektorats: Wegen der endlichen Dicke des Papiers lassen sich auch bei sehr genauem Falten Fehler nicht vermeiden. Jeder Fehler, der bei einem Faltschritt gemacht wird, trägt zum Fehler des Ergebnisses bei, so daß sich viele kleine unvermeidliche Faltfehler auch bei Methoden, die theoretisch ein exaktes Ergebnis liefern, am Ende zu einem großen Fehler aufsummieren. Näherungsmethoden liefern in der Faltpraxis oft ein genaueres Ergebnis als theoretisch exakte Methoden. Kasahara schafft es, durch Einbeziehung der dritten Dimension auf einfache Weise theoretisch exakte Zeichenschablonen für regelmäßige n-Ecken zu falten, die mit euklidischen Methoden nicht oder nur sehr schwer konstruierbar sind.

I

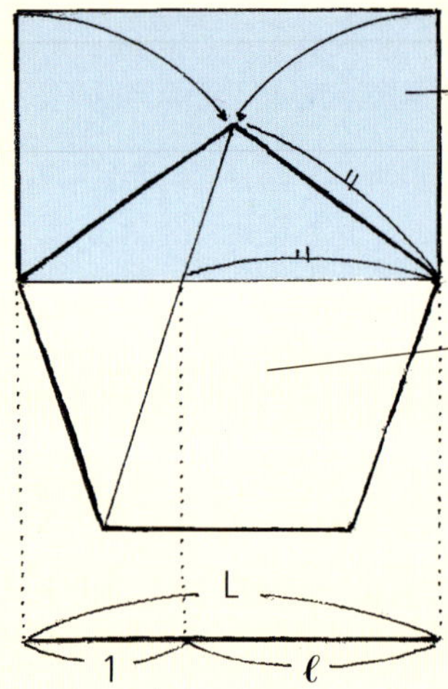

$L : \ell = \ell : 1$

↓

$L : \ell = 2 : \sqrt{5} - 1$

$= \sqrt{5} + 1 : 2$

Zeichenschablone für ein regelmäßiges Fünfeck

Dieses regelmäßige Fünfeck enthält – rein theoretisch – keine Fehler.

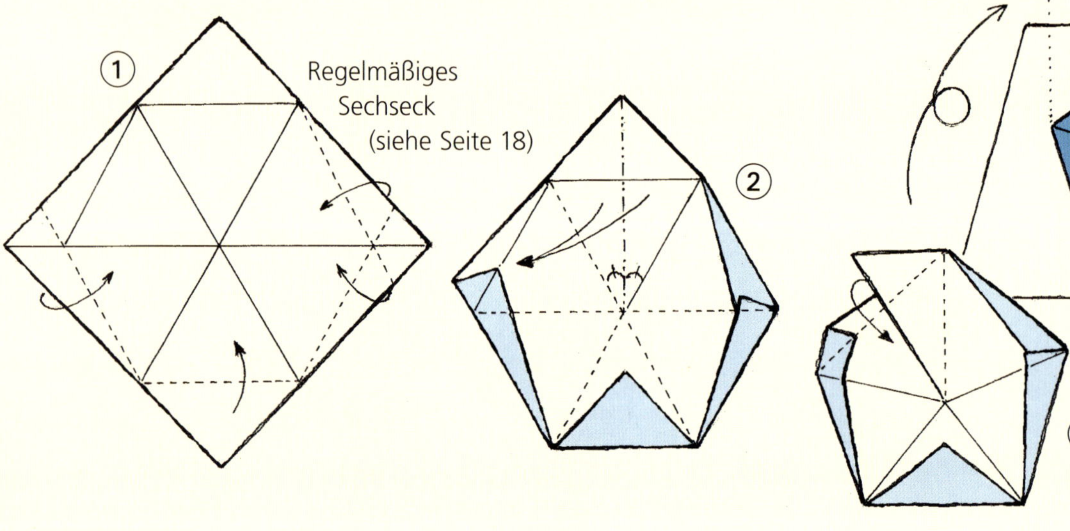

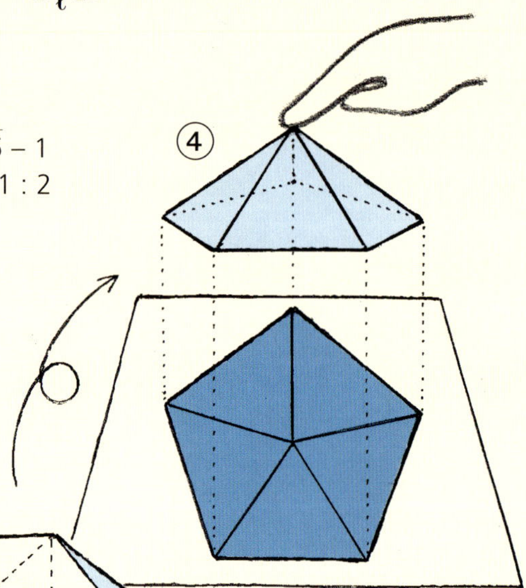

KAPITEL 2 Unterhaltsame Geometrie

Das Goldene Rechteck

Die Fünftelung der Seitenlänge eines Quadrats mit nur eineinhalb Falten.

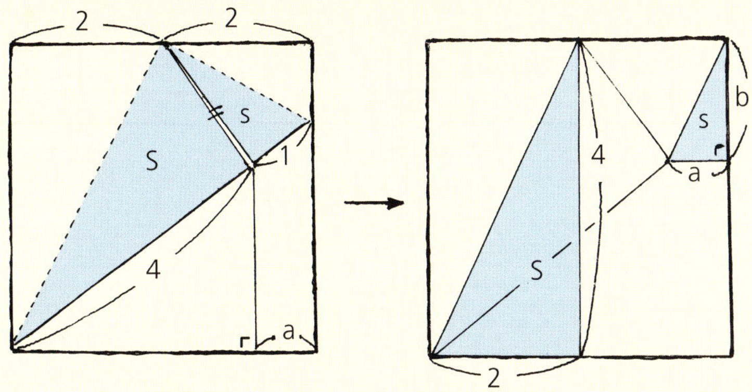

a = 1/5 der Seitenlänge eines Quadrats

Beweis:

Die Dreiecke S und s sind einander ähnlich, daraus folgt:

a = 1/5 der Seitenlänge des Quadrats (Beachten Sie die Seitenverhältnisse der Katheten der Dreiecke S und s).

b = 2/5 der Quadratseite

Beweis:

Die Dreiecke S und s sind einander ähnlich

a : b = 1 : 2

Daraus folgt: b = 2/5 der Seitenlänge des Quadrats

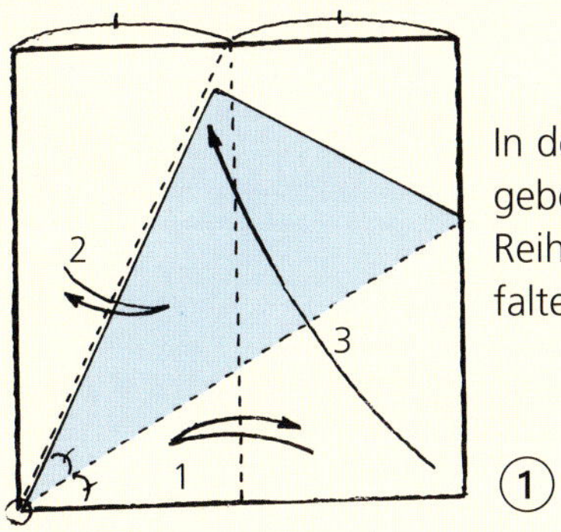

In der angegebenen Reihenfolge falten.

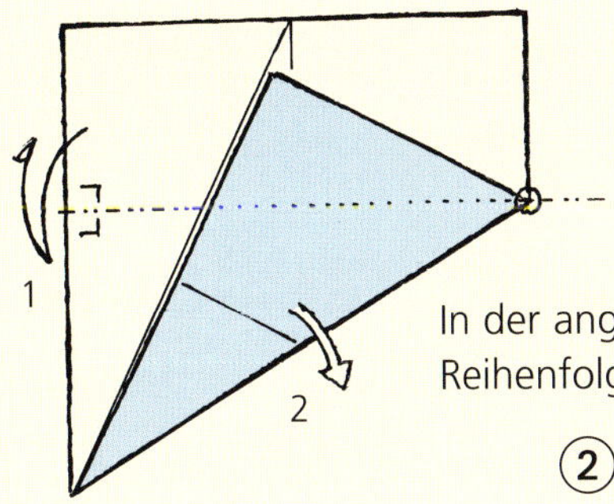

In der angegebenen Reihenfolge falten.

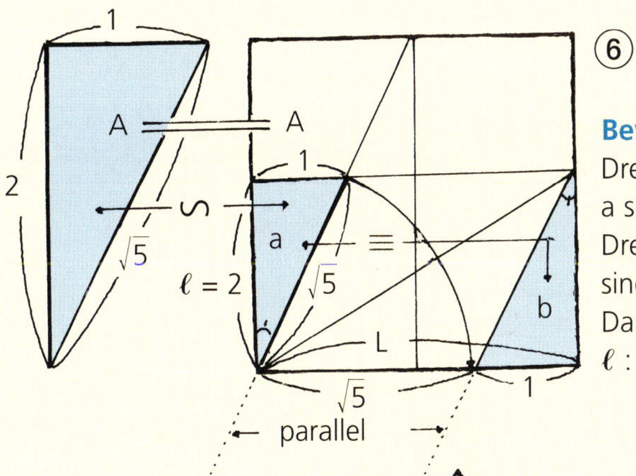

Beweis:

Dreiecke A und a sind ähnlich,

Dreiecke a und b sind kongruent.

Daraus folgt:

$\ell : L = 2 : \sqrt{5} + 1$

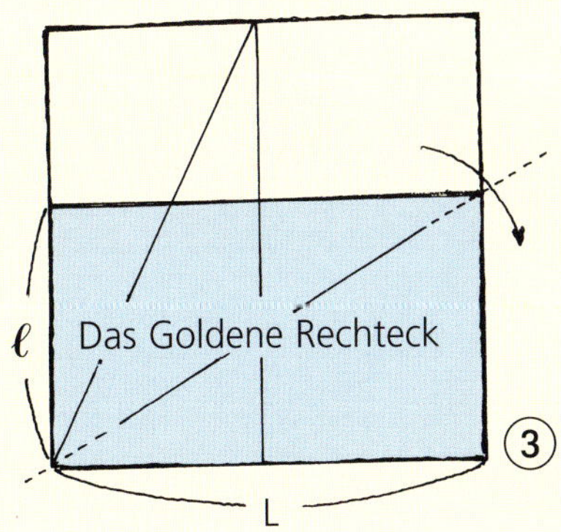

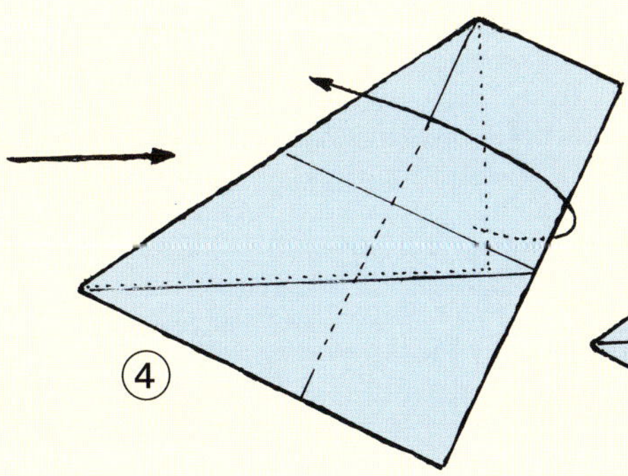

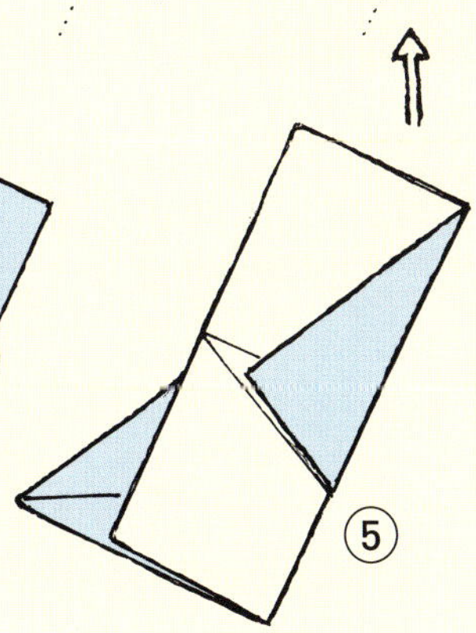

Das Unmögliche wird möglich

Bisher haben wir das gleichseitige Dreieck, das Quadrat (die Grundform beim Origami), das regelmäßige Fünfeck, Sechseck, Achteck und Zwölfeck, d. h. also insgesamt sechs regelmäßige Vielecke konstruiert. Regelmäßiges Siebeneck, Neuneck und Elfeck – so lehrt es die Geometrie – kann man mit Zirkel und Lineal nicht konstruieren.

Um zu diesem Ergebnis zu kommen, haben die Mathematiker mehr als 2000 Jahre gebraucht! Dass es mit Origami trotzdem geht, beweisen Ihnen die folgenden Seiten. Dabei kommt die Methode ganz ohne Tricks und Schwindel aus.

Ausgehend von der Definition des regelmäßigen Vielecks habe ich eines Tages den Durchbruch erzielt:

Regelmäßige Vielecke sind Vielecke, deren Seiten gleich lang und deren Innenwinkel gleich groß sind.

Diese Definition sagt aber nicht aus, dass man zu ihrer Konstruktion keinen außerhalb der Ebene des Vielecks liegenden Punkt benutzen darf. Meine Lösung ist die Grundfläche einer gleichseitigen polygonalen Pyramide geringer Höhe.

Eine weitere, theoretisch exakte Lösung für das regelmäßige Fünfeck

Prägen Sie sich die Faltweise gut ein, denn mit dieser neuen Methode können sämtliche regelmäßigen Vielecke konstruiert werden.

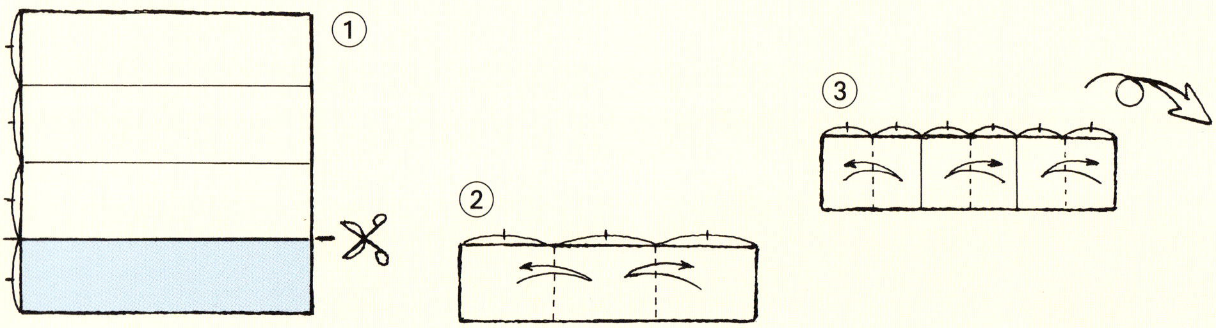

c

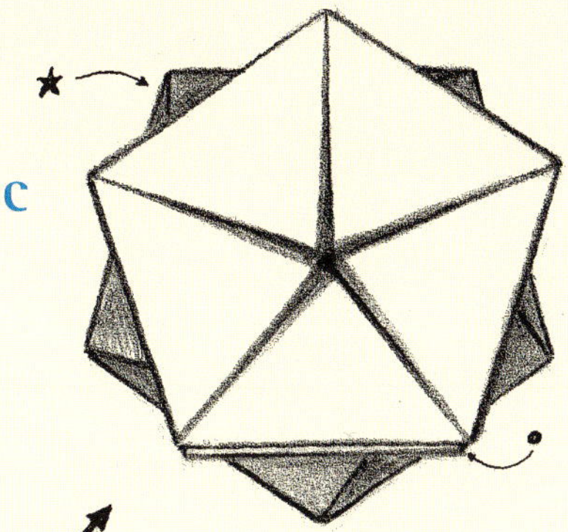

Es entstehen
zwei regelmäßige
Fünfeckpyramiden.

Der Körper sieht
wie eine Sanduhr aus.

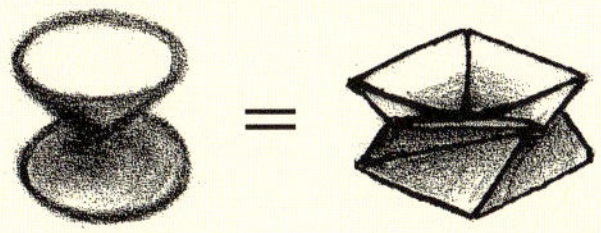

⑨

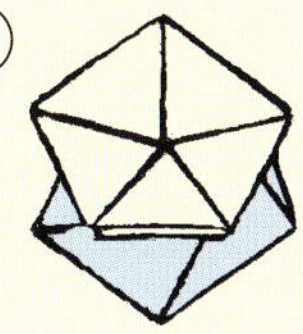

c

b

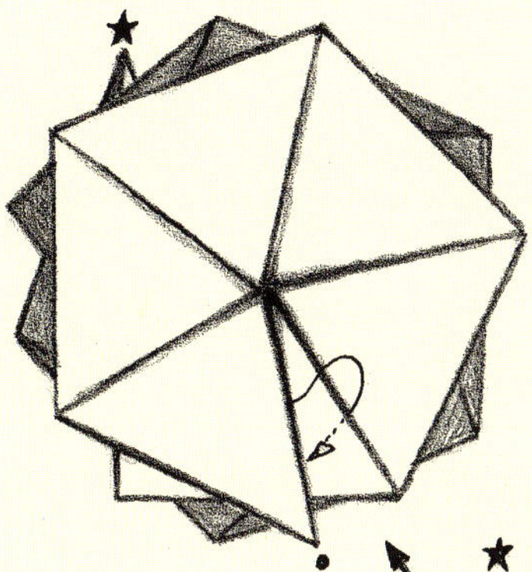

Erklärung zu den Faltschritten a bis c

Das untere Ende der Spirale durch den radialen Schlitz hindurch nach oben herausziehen und die Fünfeckseiten deckungsgleich aufeinander schichten.

⑧

b

a

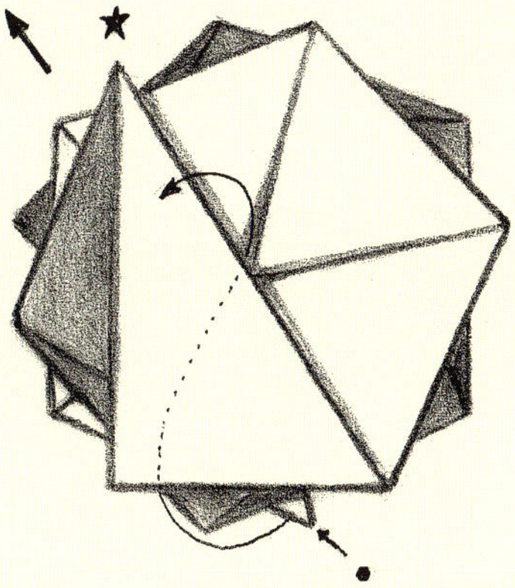

⑦

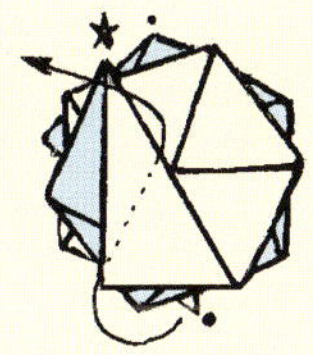

a

⑥

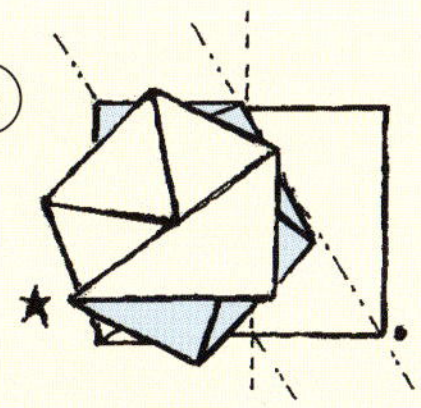

④

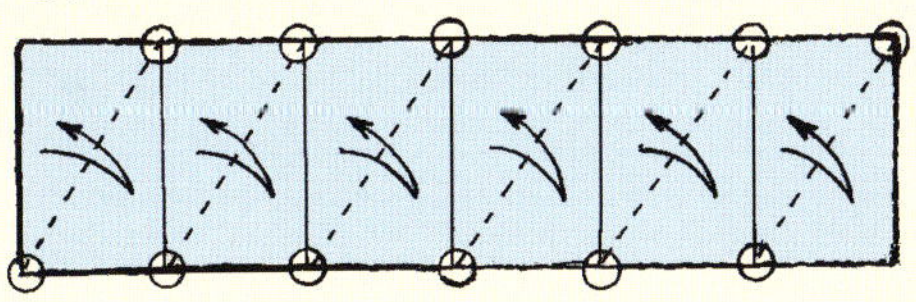

⑤

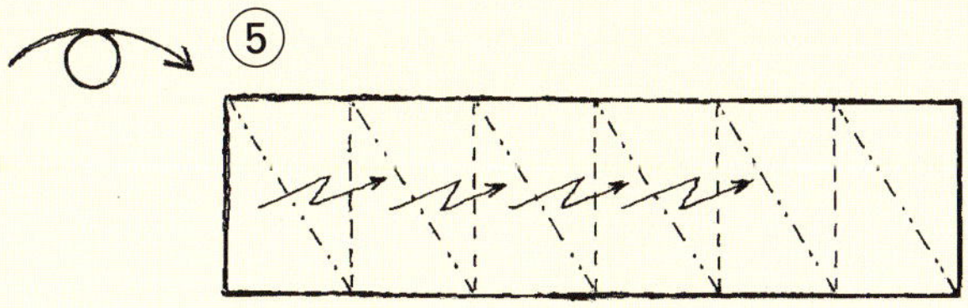

Unser erster Versuch nach der neuen Methode

Die Zirkelfaltung

Auf den vorhergehenden Seiten haben Sie eine Methode kennen gelernt, zwei regelmäßige Fünfeckpyramiden auf einfache Weise und doch mathematisch exakt zu falten. Wenn man diese Technik einmal näher betrachtet (siehe Zeichnung A), wird klar, dass hierbei im Grunde ein Kreis gezogen wird, dessen Mittelpunkt im Zentrum der sechs Rechtecke, also in der Mitte ihrer Diagonalen liegt. Diese Falttechnik funktioniert wie ein Zirkel.

Will man statt der regelmäßigen Fünfeckpyramide ein regelmäßiges Fünfeck falten, müssen die Winkel $\alpha = 54°$ sein. Der Wert des Winkels lässt sich errechnen, wie in Zeichnung B dargestellt. Durch eine Vorbereitungsfaltung (siehe Zeichnungen 1 – 4) bestimmt man zunächst den Winkel α und damit das richtige Verhältnis von Länge und Breite der Rechtecke.

Wie bei der regelmäßigen Fünfeckpyramide entstehen auch in diesem Fall zwei regelmäßige Fünfecke. Entfalten Sie dazu das fertig gefaltete Fünfeck noch einmal, schneiden den Papierstreifen der Länge nach in zwei Hälften und falten die beiden Teile an den Faltlinien noch einmal zusammen (siehe Zeichnungen 7 – 9).

A

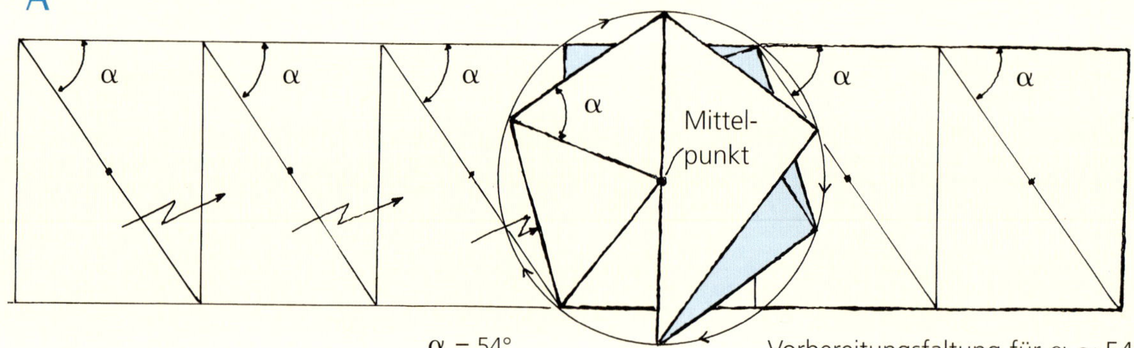

$\alpha = 54°$

Vorbereitungsfaltung für $\alpha \approx 54°$
($\alpha = 54{,}11...°$)

in der angegebenen Reihenfolge falten.

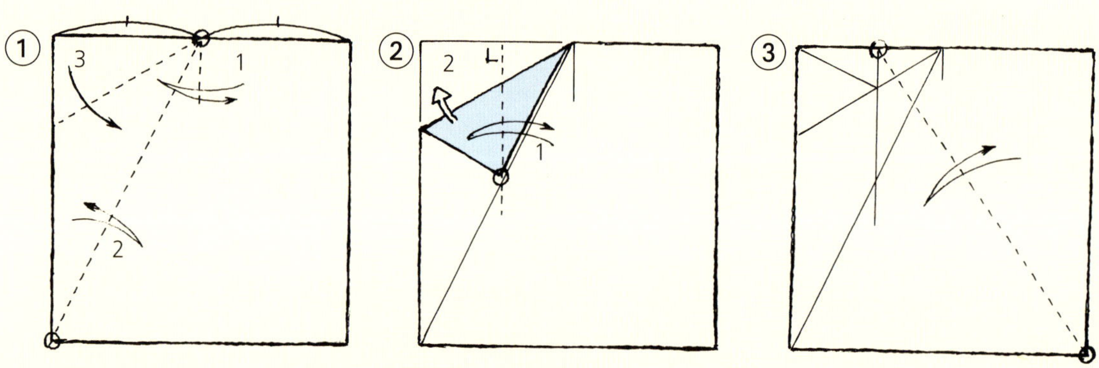

Regelmäßiges Sechseck (siehe Seite 18).

Gleichseitiges Dreieck

Mit derselben Falttechnik lassen sich auch das gleichseitige Dreieck und das Quadrat falten.

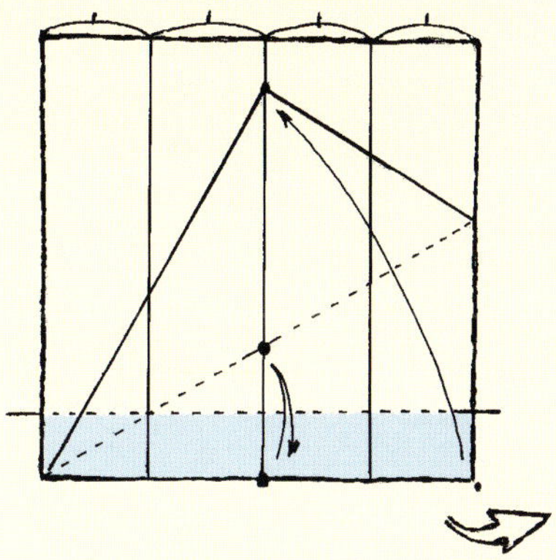

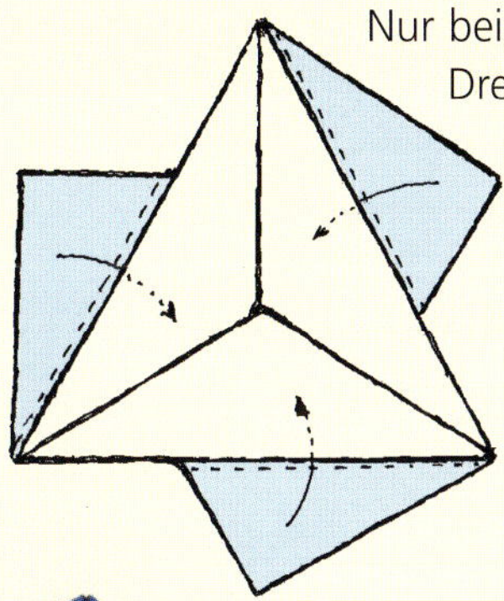

Nur beim gleichseitigen Dreieck entstehen diese überflüssigen Flächen.

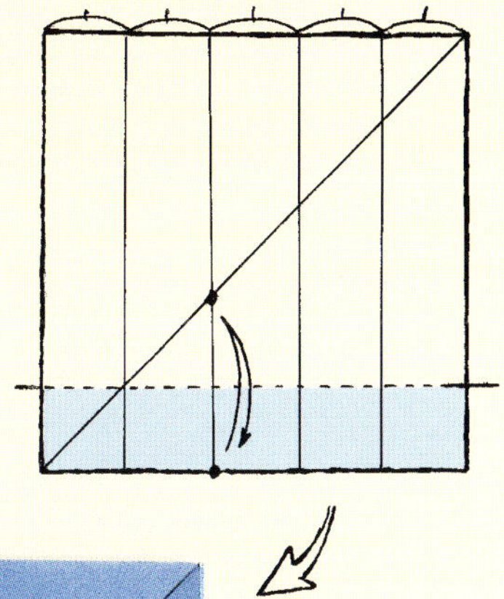

Und wieder zusammenfalten.

⑨

B

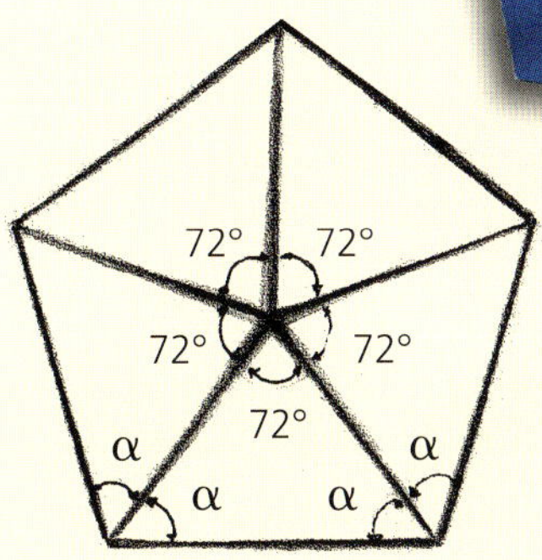

⑧ Halbieren.

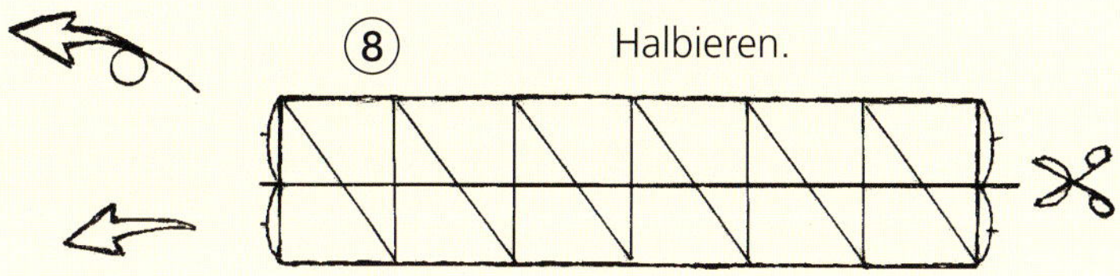

$$\alpha = \frac{180° - 72°}{2} = 54°$$

Entfalten.

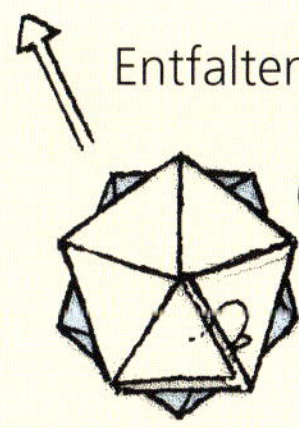

⑦

Nach dieser Methode entstehen immer zwei regelmäßige Vielecke.

Die Faltschritte a bis c von Seite 33 entfallen.

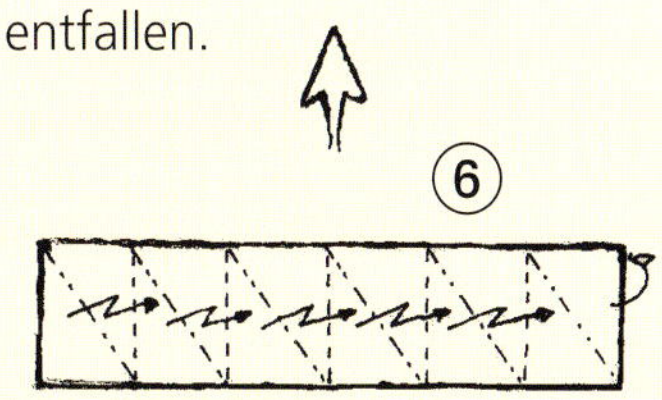

⑥

Quadrat (regelmäßiges Viereck)

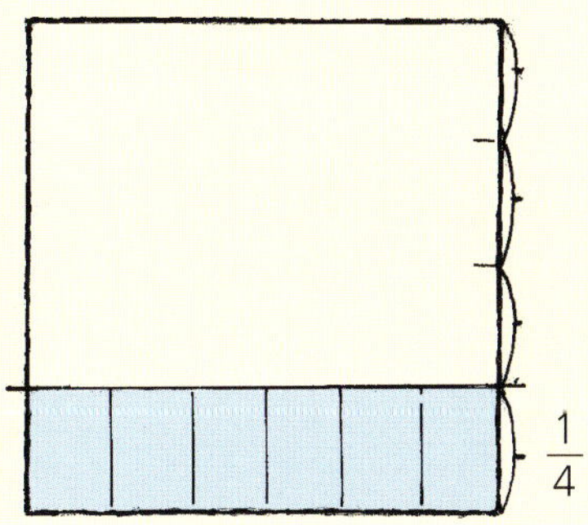

④

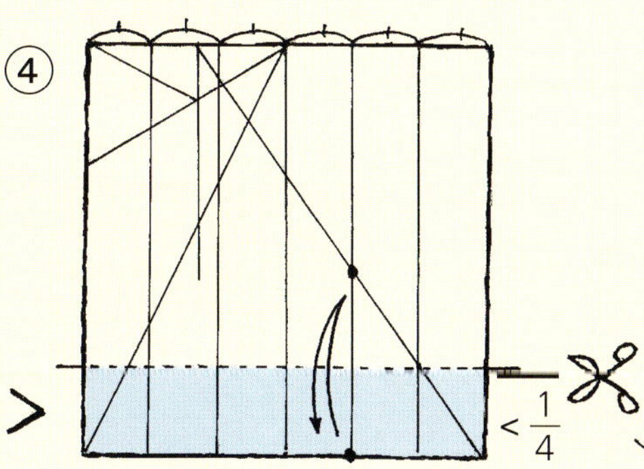

Nach dieser Vorbereitungsfaltung in sechs gleiche Rechtecke teilen.

⑤

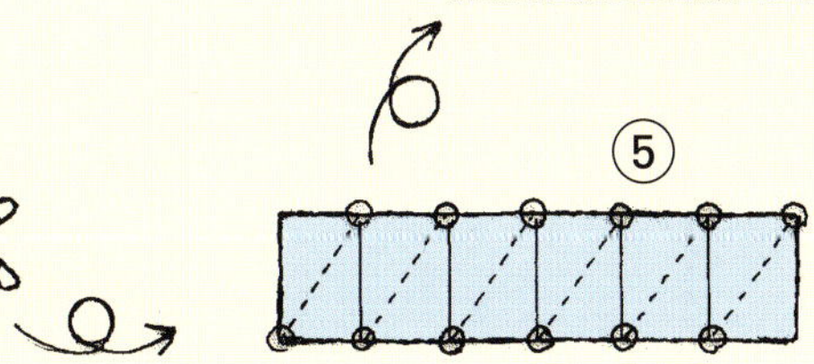

Heiter geht's weiter

Nachdem Sie nun mit der Zirkelfaltung vertraut sind, können Sie diese Technik auch für das regelmäßige Sechseck und das regelmäßige Achteck anwenden. Die für die Sieben- und Neunteilung benötigten Teilungsmaßstäbe habe ich bereits auf Seite 23 gezeigt.

Anschließend stellen wir uns mutig der Herausforderung und falten das regelmäßige Siebeneck, das mit Zirkel und Lineal nicht konstruiert werden kann. Einer nicht konstruierbaren Figur kann man natürlich nicht mit einer herkömmlichen Denkweise begegnen. Hier heißt es umdenken und dem Problem mit Phantasie und spielerischen Ansätzen zu Leibe rücken. Eine Lösung – in Form der regelmäßigen Siebeneckpyramide – ist schon parat (siehe Seite 37). Ja, richtig, es ist eine Pyramide – sind Sie auch damit noch nicht zufrieden?? Dann, ja dann … Vielleicht werfen Sie in diesem Fall einmal einen Blick auf die Seiten 38/39.

Anmerkung des Lektorats: Bei den »in der Mathematik als nicht konstruierbar bewiesenen regelmäßigen Vielecken« handelt es sich immer um solche, die mit euklidischen Mitteln, d. h. »nur mit Zirkel und Lineal« nicht konstruierbar sind. D. h. nicht, dass es nicht Konstruktionsmethoden gibt, die sich zusätzlicher Hilfsmittel bedienen, mit deren Hilfe die andernfalls unkonstruierbaren Vielecke nun doch konstruierbar werden. Origami ist z. B. ein Hilfsmittel, das nicht-euklidische Konstruktionen erlaubt – aber nicht das einzige.

Regelmäßiges Sechseck

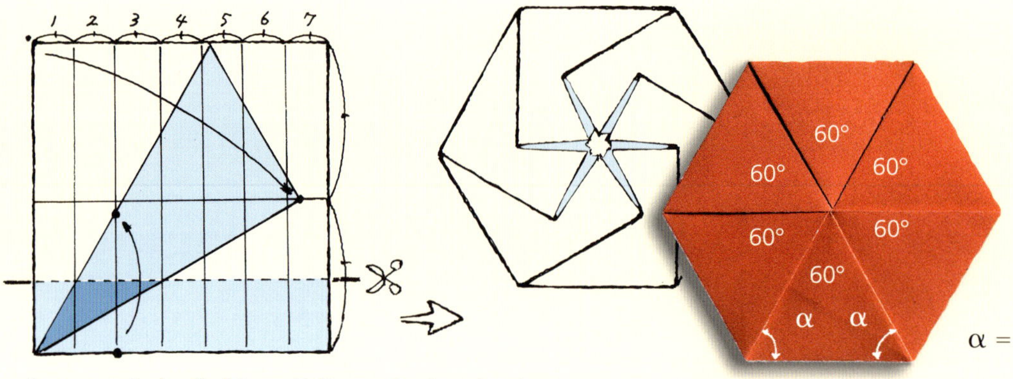

$$\alpha = \frac{180° - 60°}{2} = 60°$$

Immer mit der farbigen Seite nach oben beginnen.

Regelmäßiges Achteck

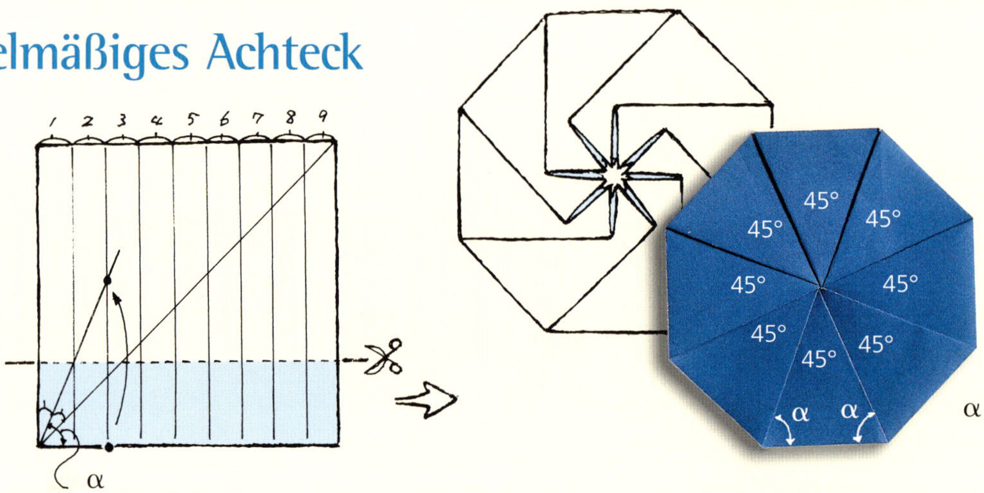

$$\alpha = \frac{180° - 45°}{2} = 67{,}5°$$

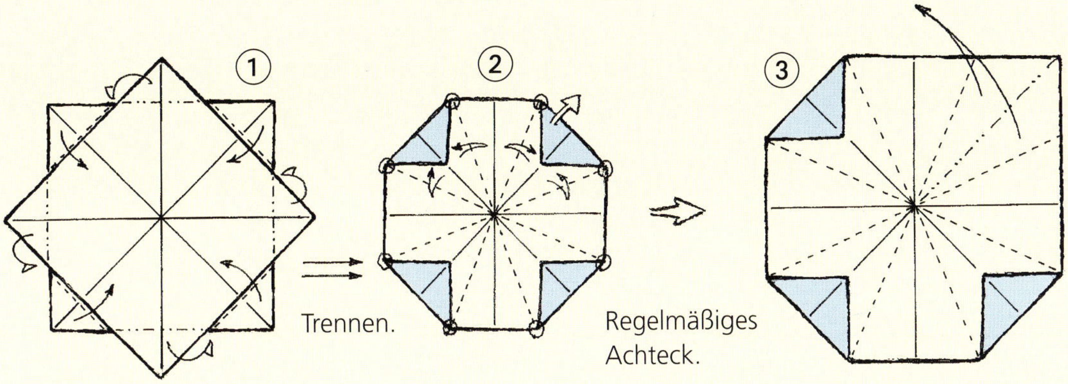

Faltmethode siehe Seite 26.

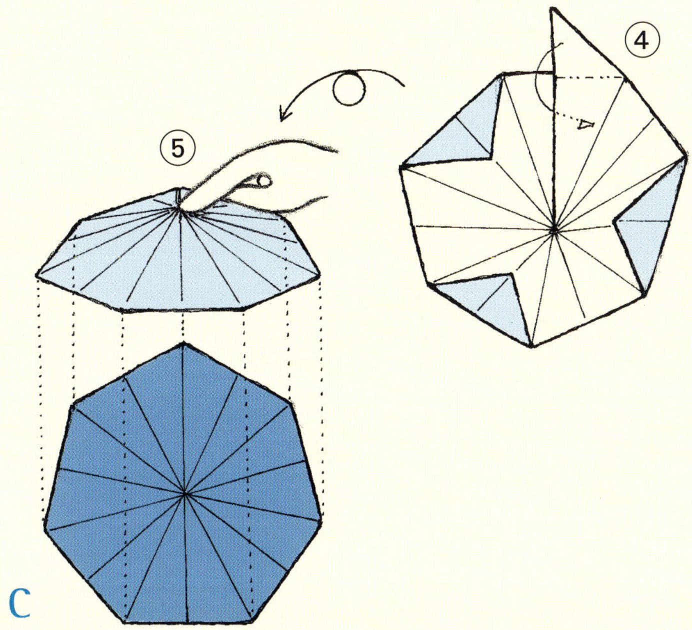

Regelmäßige Siebeneckpyramide

Die Berechnung des Winkels α

Die Dreiecke, die man erhält, wenn man den Mittelpunkt eines regelmäßigen Vielecks mit seinen Ecken verbindet, sind gleichschenkelige Dreiecke mit zwei gleichen an der Vieleckseite anliegenden Winkeln α und dem Zentriwinkel a.

Für alle Dreiecke gilt der Lehrsatz von Euklid (siehe Seite 43), dass die Summe der Innenwinkel 180° beträgt. Dadurch lässt sich der Winkel α berechnen.

$$\alpha = \frac{180° - a}{2}$$

Regelmäßiges Siebeneck

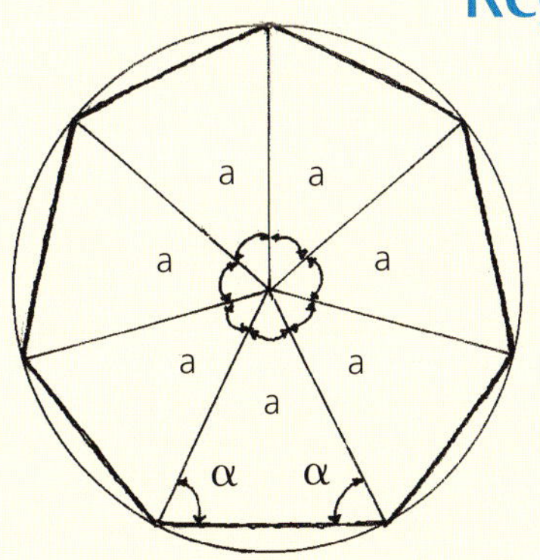

$$a = \frac{360°}{7} = 51{,}428571°\ldots$$

$$\alpha = \frac{180° - a}{2} = \frac{450°}{7} = 64{,}285714°\ldots$$

Die Antwort liegt dazwischen

Das regelmäßige Sechseck und das regelmäßige Achteck sind mit der neuen Zirkel-Falttechnik bereits Realität geworden. Sicher liegt der Basiswinkel des Bestimmungsdreiecks für das regelmäßige Siebeneck und damit das Seitenverhältnis des Papierstreifens zwischen den Werten dieser beiden Vielecke.

Andererseits ist uns das regelmäßige Siebeneck gar nicht mehr so fremd, denn wir haben schon eine Lösung dafür, auch wenn ihr »Mittelpunkt« nicht in der Ebene des Siebenecks liegt.

Ich versuchte durch Vierteln des Quadrats den Papierstreifen für ein ebenes regelmäßiges Siebeneck zu gewinnen. Als Resultat erhielt ich jedoch ein Siebeneck mit einem Loch in der Mitte.

In Zeichnung D sind die Punkte R6 und R8 eingezeichnet, die wir schon zur Bestimmung der Streifenbreite für das regelmäßige Sechseck und das regelmäßige Achteck konstruiert haben. Der *Bestimmungspunkt* R7 für das regelmäßige Siebeneck liegt irgendwo dazwischen. Der Mittelpunkt der Strecke R6 – R8 ist eine gute Näherungslösung für R7.

In der Faltpraxis genügt es (wegen der Papierdicke usw.), wenn wir die Kante des Quadrats etwas über die Mittellinie falten, um den Papierstreifen für zwei schöne regelmäßige Siebenecke zu gewinnen.

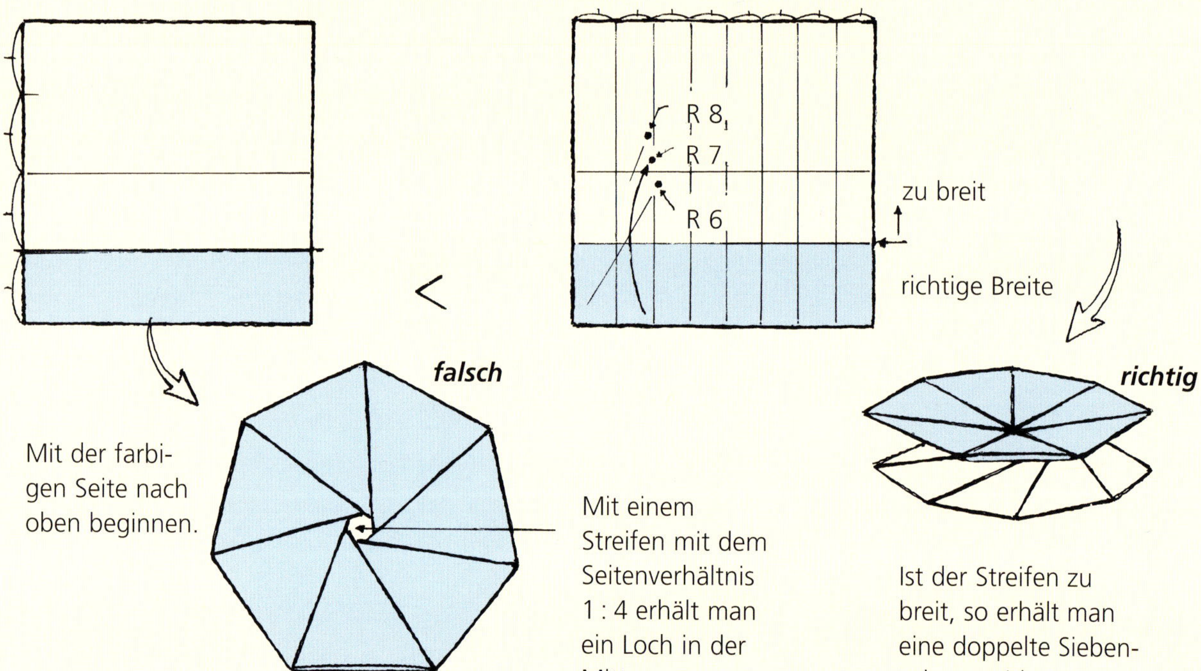

Mit der farbigen Seite nach oben beginnen.

Mit einem Streifen mit dem Seitenverhältnis 1 : 4 erhält man ein Loch in der Mitte.

Ist der Streifen zu breit, so erhält man eine doppelte Siebeneckpyramide.

Der Bestimmungspunkt für das regelmäßige Siebeneck liegt zwischen den Bestimmungspunkten für das regelmäßige Sechseck und das regelmäßige Achteck, etwas oberhalb der Mittellinie des Quadrats.

D

Regelmäßiges Sechseck

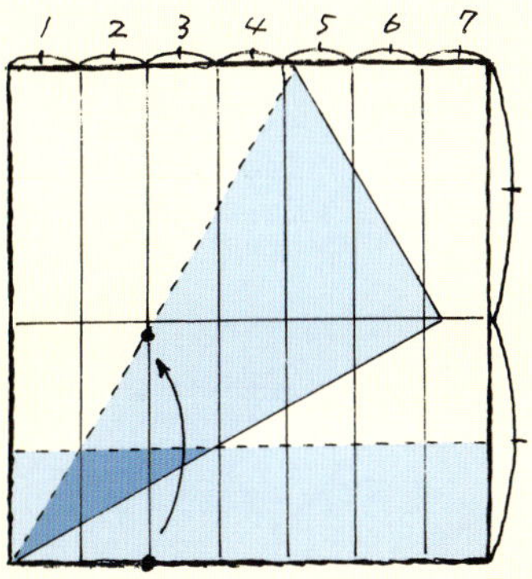

Regelmäßiges Siebeneck

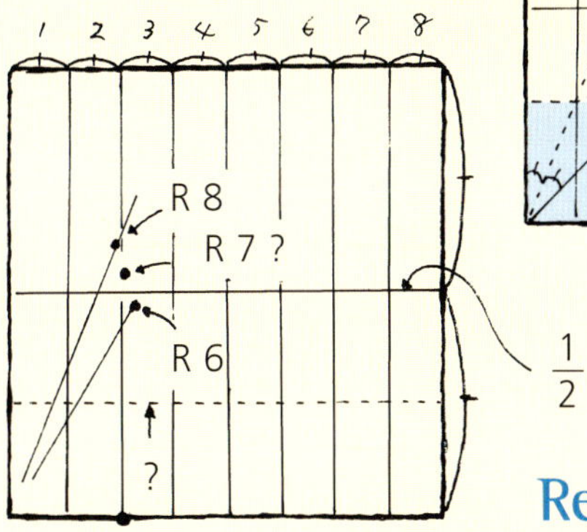

Regelmäßiges Achteck

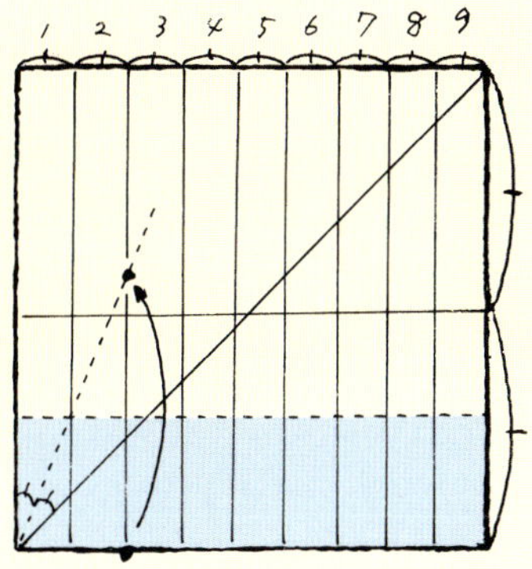

Regelmäßiges Neuneck

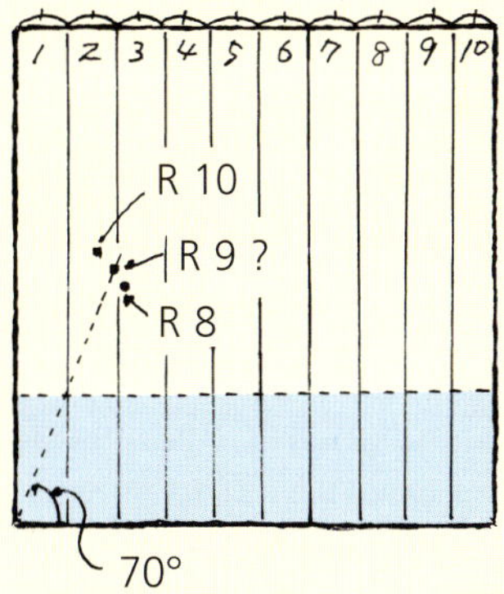

Regelmäßiges Siebeneck

Der Bestimmungspunkt liegt etwas oberhalb der Mittellinie. Immer mit der farbigen Seite nach oben beginnen.

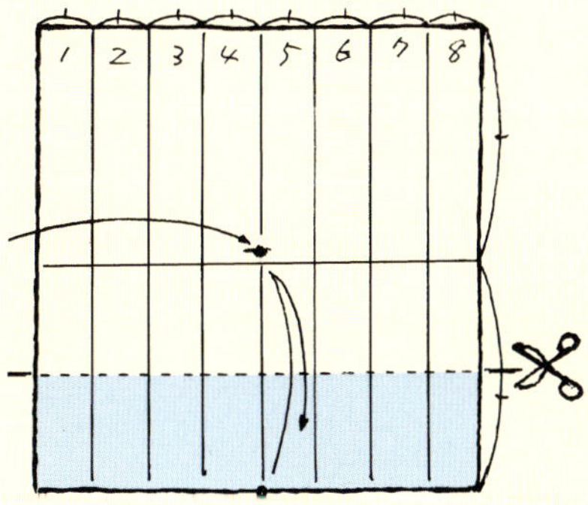

Regelmäßiges Zehneck

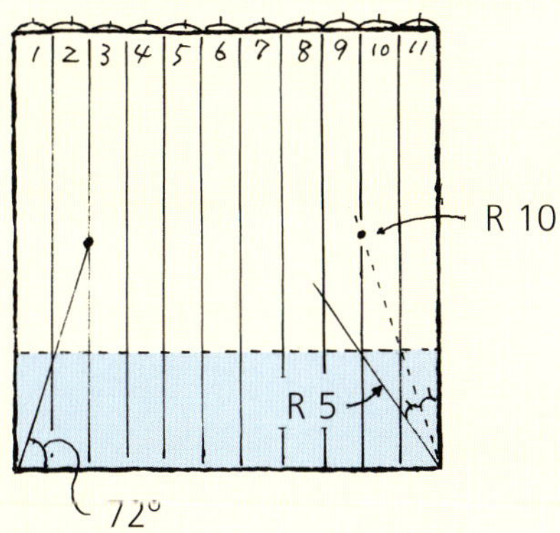

Bestimmungspunkt R10

Regelmäßiges Zwölfeck

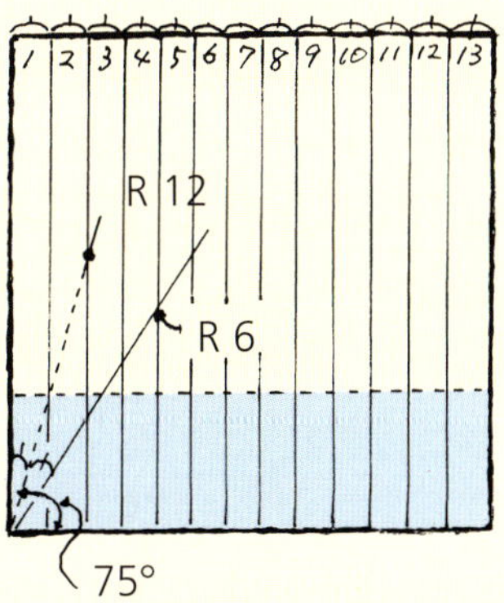

Bestimmungspunkte R6 und R12

Regelmäßiges Elfeck

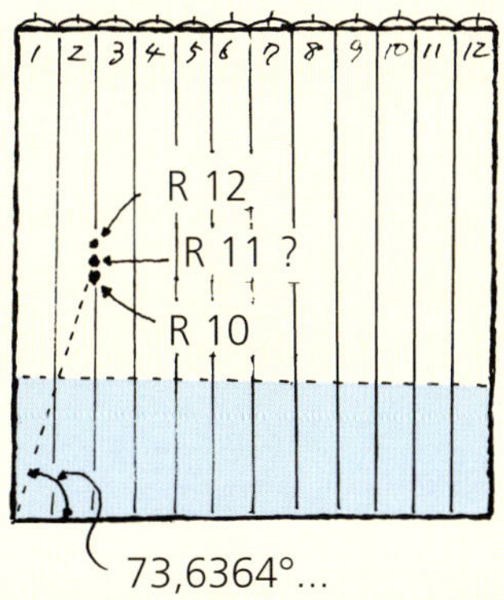

R11 liegt zwischen R10 und R12.

Weitere »nicht konstruierbare« Figuren

Wer schon einmal versucht hat, das gleichseitige Fünfeck, dessen Konstruktion auf Pythagoras (um 570 v. Chr. – 497/96 v. Chr.) zurückgeht, oder das gleichseitige 17-Eck, das *Carl Friedrich Gauß* (1777–1855) als konstruierbar bewiesen hat, mit Zirkel und Lineal zu Papier zu bringen, weiß, wie schwer das ist.

Mit Origami dagegen gelingt beides ganz einfach. Die mit euklidischen Mitteln nicht konstruierbaren Figuren sind mit der vorgestellten Faltmethode Realität geworden und sehen außerdem noch schön aus. Machen Sie also jetzt nicht halt, sondern falten Sie nach demselben Prinzip weitere Figuren.

Regelmäßiges 16-Eck

Regelmäßiges 17-Eck

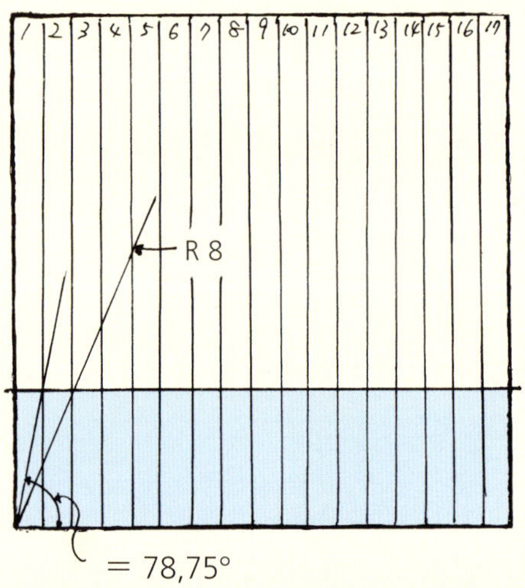

Beginnen Sie immer mit der farbigen Seite oben.

<

Der Bestimmungspunkt R17 liegt zwischen R16 und R18.

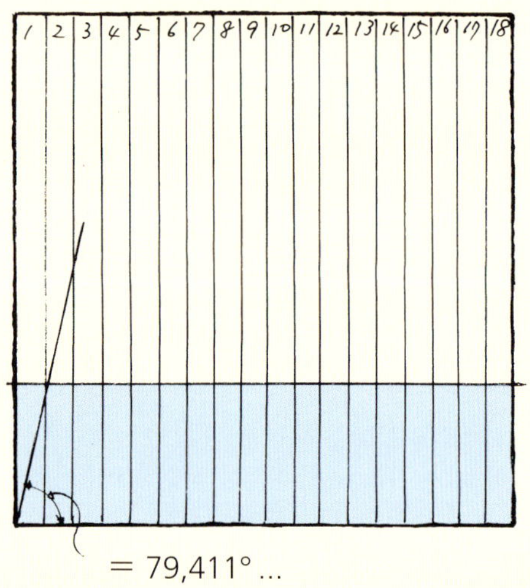

Regelmäßiges 18-Eck

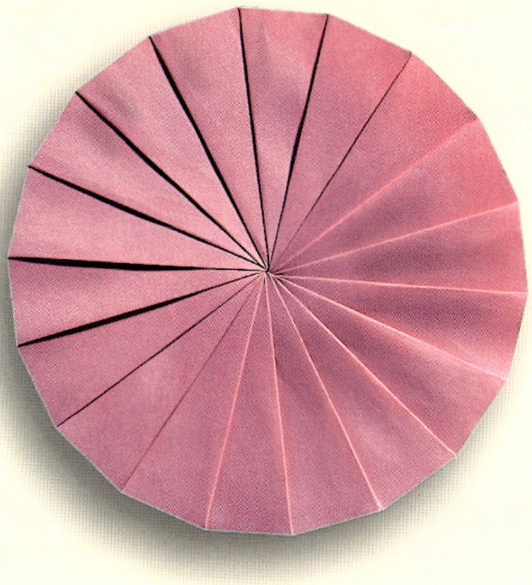

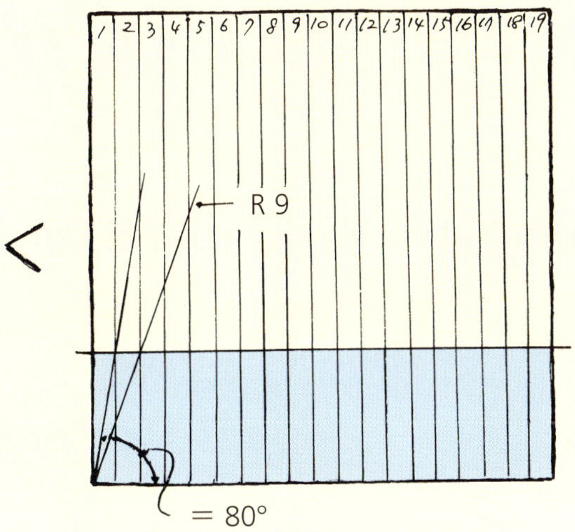

Allerdings stößt diese Falttechnik in der Praxis an eine Grenze, die etwa zwischen dem regelmäßigen 25- und 30-Eck liegt, das dann schon wie ein Kreis aussieht.

Mit dieser Falttechnik können Sie übrigens in einem Arbeitsgang zwei regelmäßige Vielecke herstellen und eines davon vielleicht verschenken.

Regelmäßiges 24-Eck bis n-Eck

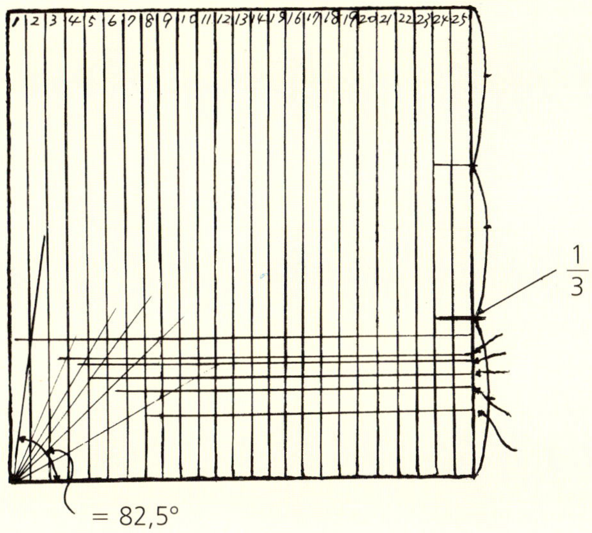

Wenn die Zahl der Ecken eines regelmäßigen n-Ecks gegen Unendlich geht, wird das n-Eck ein Kreis und das Seitenverhältnis des Papierstreifens wird π.

Zwei Lehrsätze und ihre Beweise

Zum Dreieck gibt es zwei wichtige Lehrsätze – den von *Euklid* (4./3. Jhd. v. Chr.) und den von *Pythagoras*. Beide sind für die Mathematik des Origami notwendig, und beide lassen sich mit Origami einfach beweisen. Merken Sie sich diese Sätze gut.

Origami-Beweise haben den großen Vorteil, dass sie unmittelbar einsichtig sind.

Für alle rechtwinkligen Dreiecke gilt: $a^2 + b^2 = c^2$ (Satz des Pythagoras).

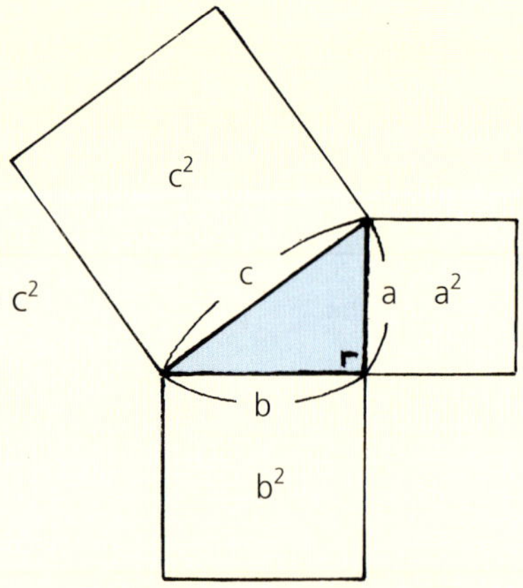

Außerdem lässt sich aus Zeichnung A (Seite 43) noch folgendes ableiten:

Die Gesamtfläche des Quadrats $(a + b)^2$ setzt sich zusammen aus den beiden Quadraten a^2 und b^2 und den 4 Dreiecken s. Weil aber 2s = ab ist, folgt: $(a + b)^2 = a^2 + 2ab + b^2$.

Als Vorbereitung für den Beweis, von zwei gleichen Quadraten eines wie angegeben falten.

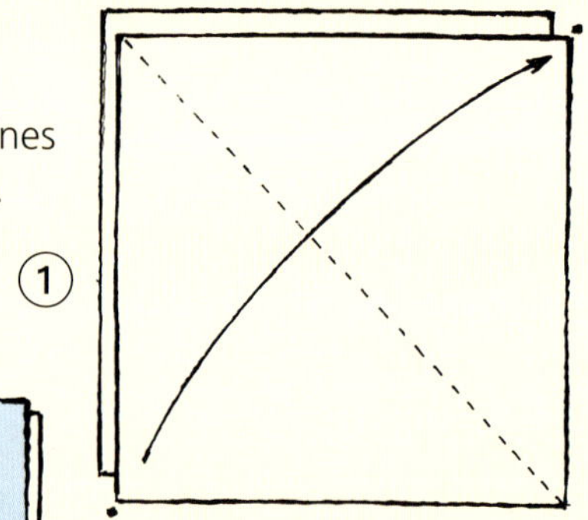

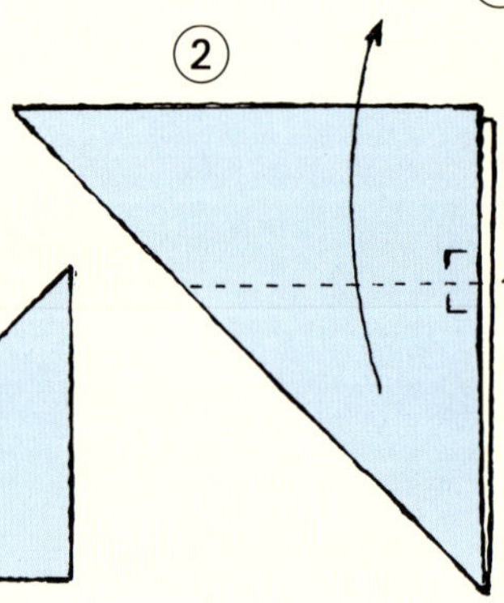

An einer beliebigen Stelle falten.

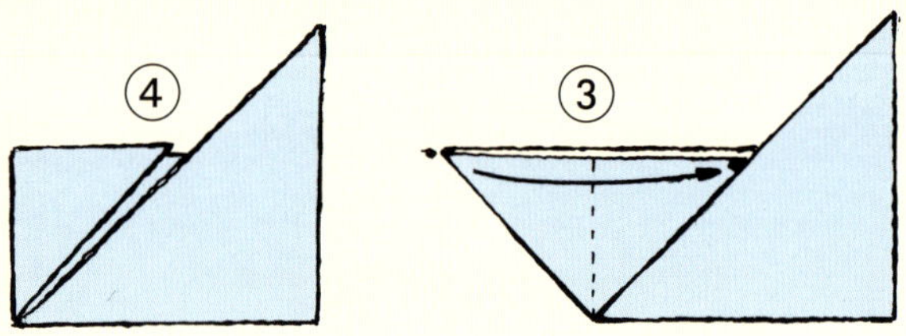

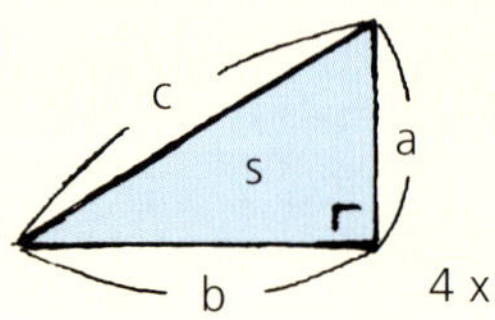

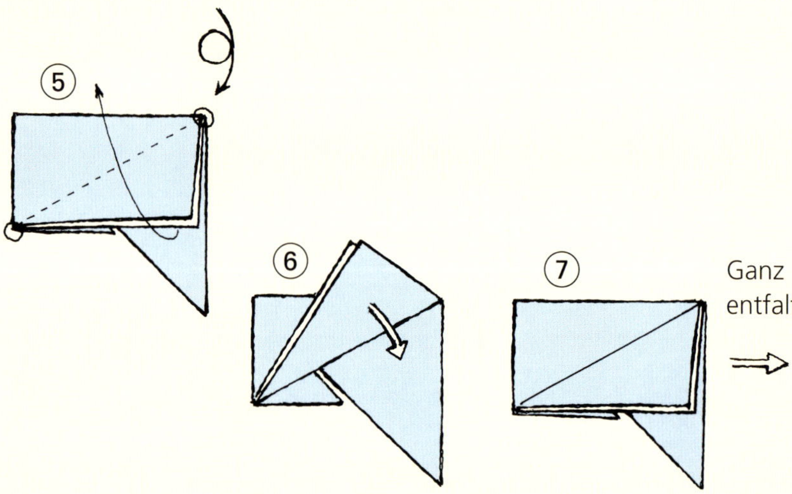

Ganz entfalten.

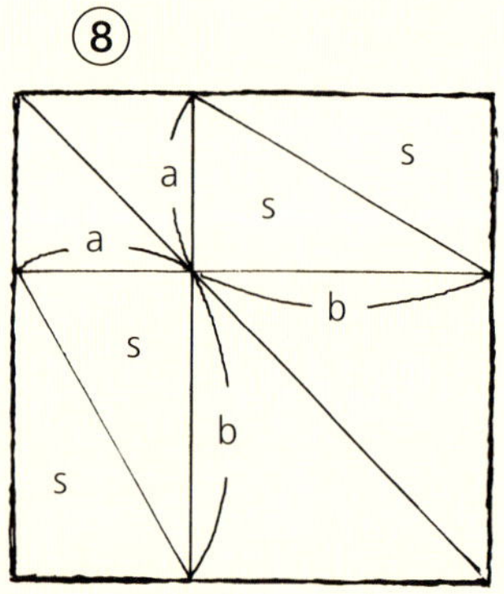

Für alle Dreiecke gilt: Die Summe der Innenwinkel ergibt zwei rechte Winkel, d. h. Winkel a + Winkel b + Winkel c = 180°.

Drei beliebig zurechtgeschnittene Papierdreiecke

In I, II und III bilden die Winkel a b und c zusammen eine gerade Linie. Daher gilt:

a + b + c = 180° – Satz des Euklid

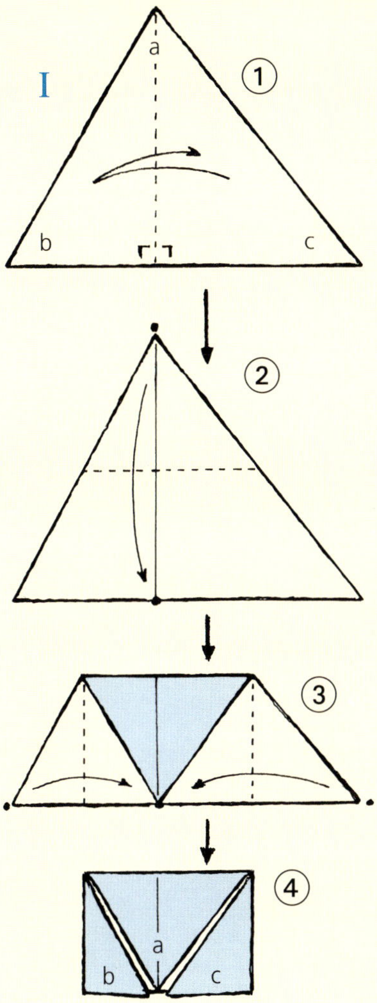

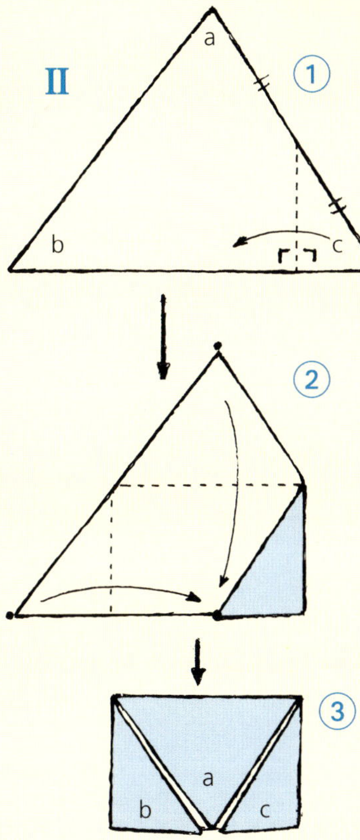

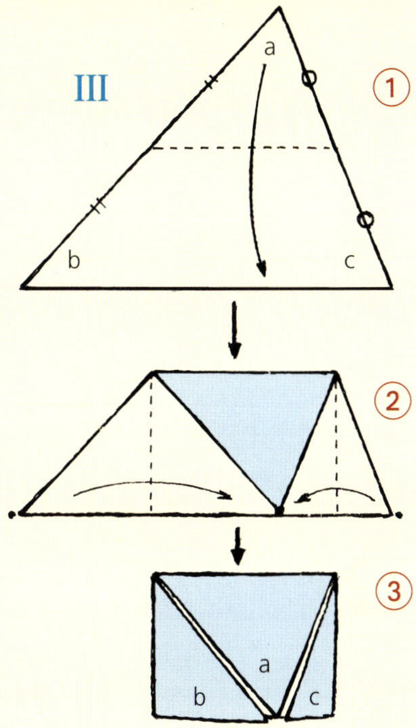

Beweis II geht auf den in Italien lebenden Physik-Professor *Humiak Huzita* zurück.

$a^2 + b^2 = c^2$ – Satz des Pythagoras

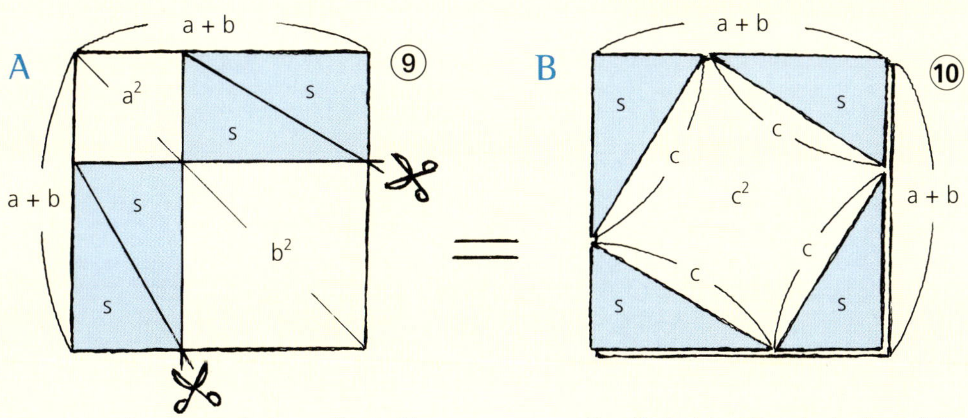

Schneiden Sie nun die vier Dreiecke s ab und legen Sie sie, wie in Zeichnung 10 gezeigt, auf das zweite Papierquadrat.

Da die beiden Quadrate A und B gleich groß sind, ist hiermit der Satz von Pythagoras bewiesen.

Die Halbierung einer quadratischen Fläche

20 Formen

Abbildung A zeigt vier Möglichkeiten, die Fläche eines Quadrats zu halbieren, wofür auf Seite 13 bereits der Beweis geführt wurde: Die sichtbare farbige Fläche des Origami-Papiers bedeckt jeweils eine weiße Fläche, die zwangsläufig genauso groß ist. Somit haben die Figuren jeweils den halben Flächeninhalt des ursprünglichen Quadrats.

Durch einen Einschnitt von der Länge einer halben Quadratseite, wie ihn Abbildung M zeigt, ergeben sich 13 weitere Möglichkeiten, die Fläche eines Quadrats zu halbieren (siehe Abbildung B). Und mit Hilfe eines Einschnitts über ein Viertel der Seitenlänge (siehe Abbildung N) entstehen weitere Formen, von denen drei in Abbildung C dargestellt sind. Die übrigen möglichen Figuren lassen sich nicht mit den anderen kombinieren.

Insgesamt kennen wir damit 20 Formen, deren Fläche genau der Hälfte des ursprünglichen Quadrats entspricht. Allein sie anzuschauen, ist schon interessant. Noch spannender aber wird es mit dem von mir erfundenen und ziemlich schwierigen Legespiel (siehe Seite 46). Als Teile dieses Spiels benötigen wir die 20 Formen.

Bitte falten Sie diese aus 5 x 5 cm großem Papier und kleben die beiden Lagen zusammen, oder schneiden Sie die Teile aus Karton aus.

A

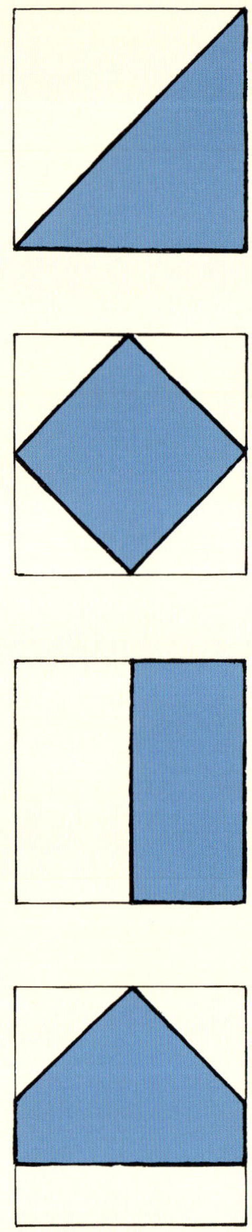

4 Formen

M

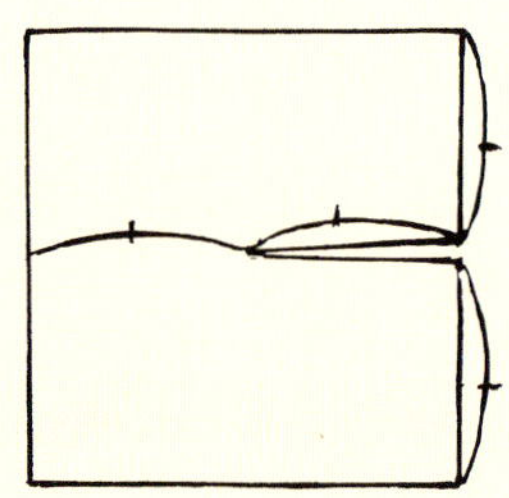

B

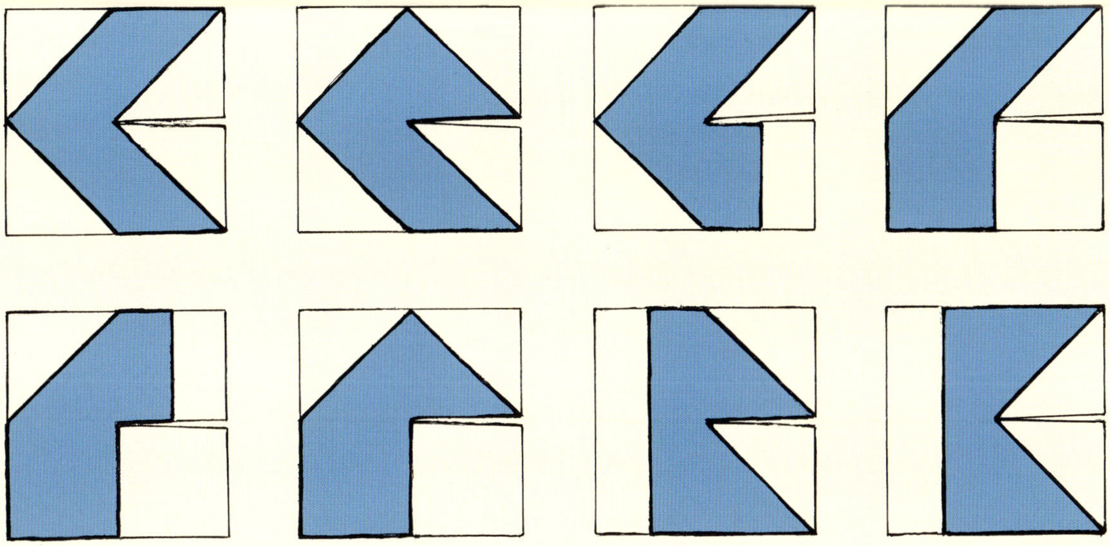

13 Formen, ausgehend von Abb. M.

A + B + C = 20 Formen

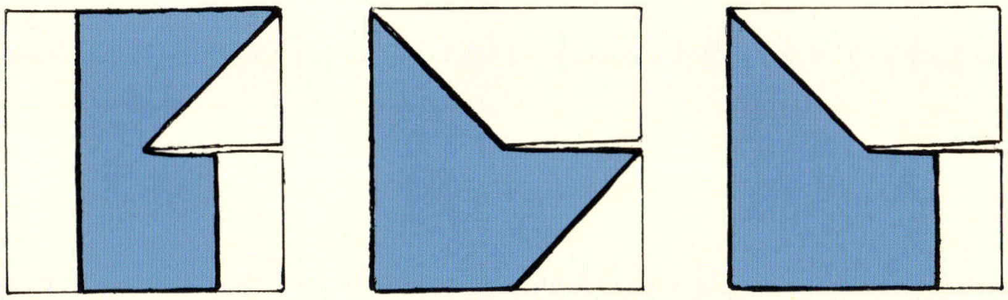

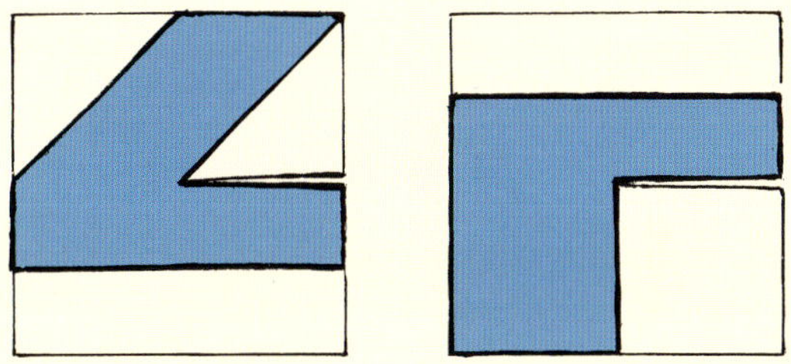

C

N

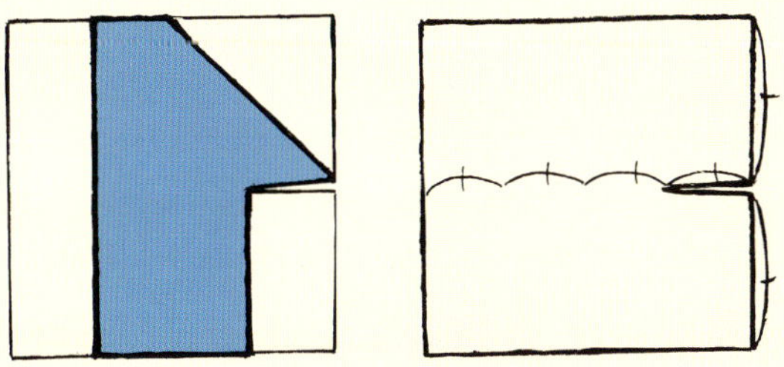

Aus Abb. N lassen sich noch weitere Formen entwickeln. Die dabei entstehenden Seitenlängen *l*, *m* und *n* kommen jedoch bei den anderen Figuren nicht vor, so dass sie sich nicht miteinander kombinieren lassen.

3 Formen, ausgehend von Abb. N.

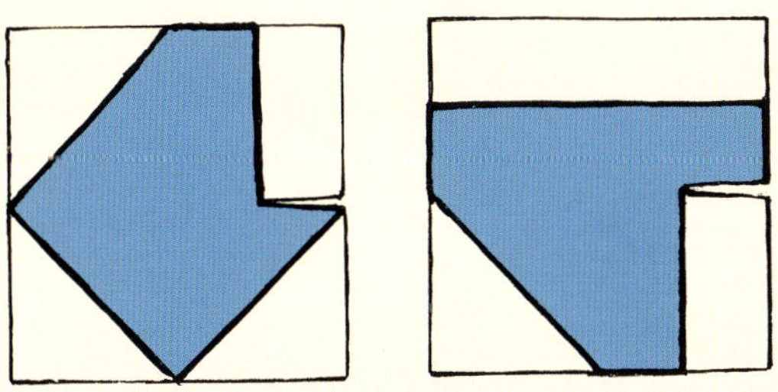

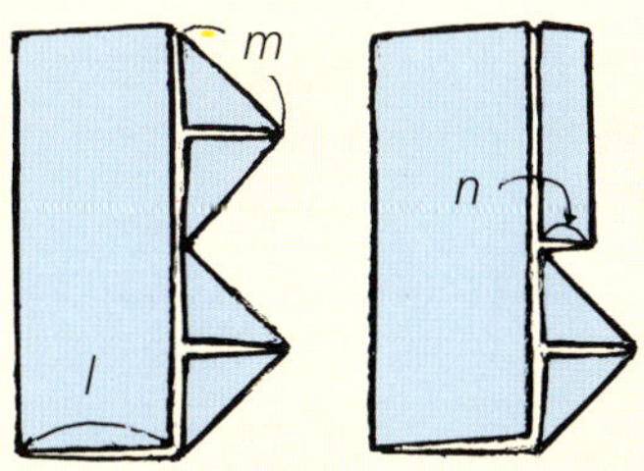

Das Super-Tangram

Tangram wurde vor etwa 200 Jahren in China erfunden. Das Lege- und Denkspiel besteht aus einem Quadrat, das in sieben verschiedene Teile zerlegt ist (siehe Abbildungen auf Seite 47 und 48). Und mit diesen sollen nun vorgegebene Figuren gelegt werden. Sie können aber auch unendlich viele Figuren selbst erfinden, und wohl deswegen ist dieses Spiel auf der ganzen Welt so beliebt geworden.

Schon diese sieben Teile richtig zu kombinieren, ist ziemlich schwierig – wir aber spielen ein Super-Tangram aus 20 Teilen! Deshalb habe ich mir zum Einstieg erst einmal ein paar leichtere Aufgaben ausgedacht:
Neben dem Umriss der zu bildenden Figur ist die Anzahl der hierfür benötigten Teile angegeben. Suchen Sie also die richtigen Teile aus und decken Sie damit die Fläche ab.

Sie werden sehen, daß auch das schon schwierig genug ist – folglich habe ich das von mir erfundene Spiel »Super-Tangram« getauft – das super-komplizierte Tangram des Computerzeitalters.

Tipp
Um ein Quadrat aus zwei Teilen zu bilden, gibt es nur diese beiden Kombinationen.

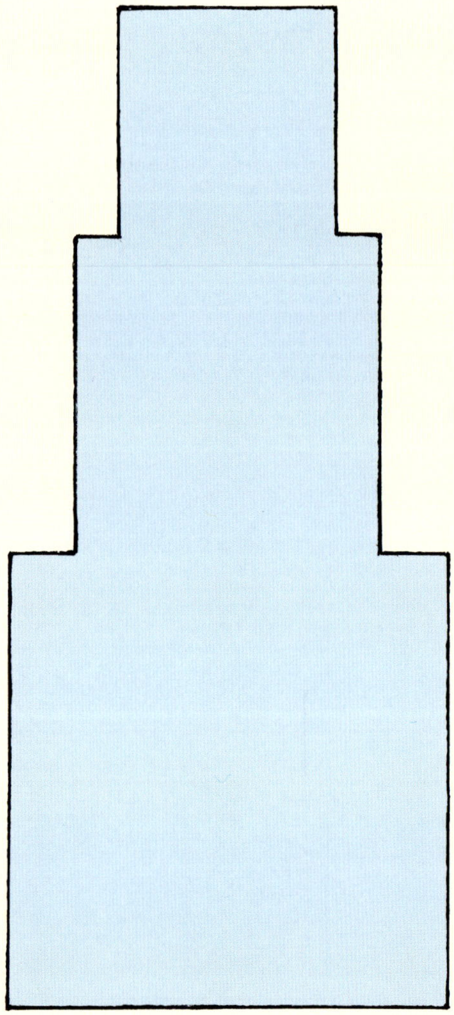

Aufgabe 1
Legen Sie eine dreistöckige Quadratsäule aus 14 Teilen.

Aufgabe 2
Nun bilden Sie eine vierstöckige Quadratsäule aus 13 Teilen.

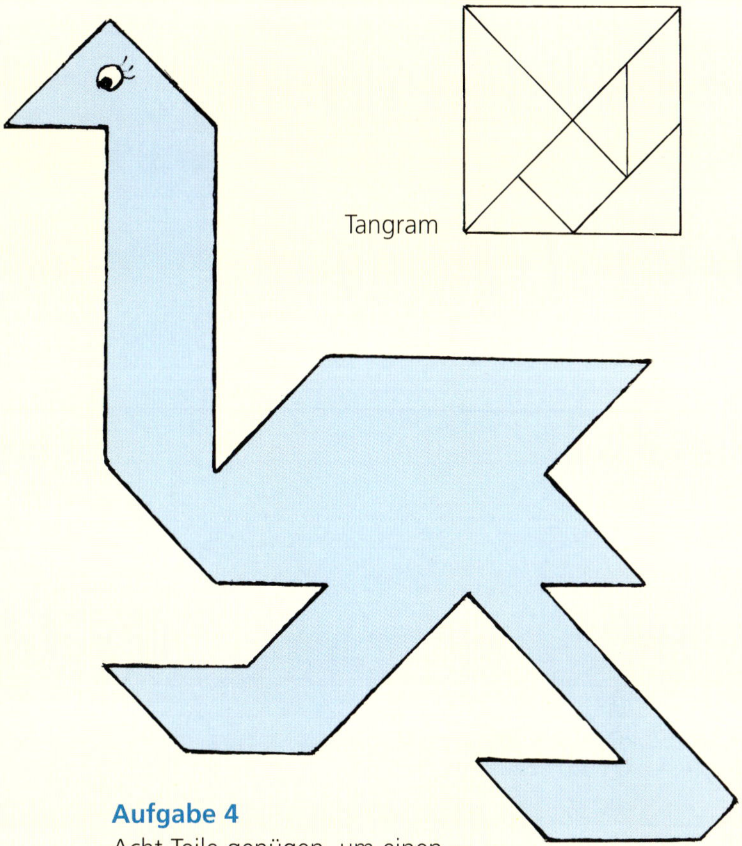

Tangram

Aufgabe 4
Acht Teile genügen, um einen Vogel Strauß zu legen.

Aufgabe 3
Aus neun Teilen kann der Schwan entstehen.

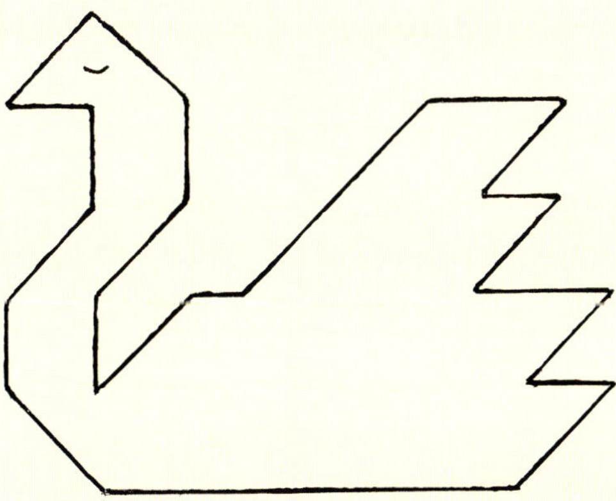

Die schwierigste Aufgabe des Super-Tangrams besteht darin, aus 18 Teilen ein Quadrat zu bilden. Selbst die Mathematiker haben bei der Suche nach einer Lösung die Flinte ins Korn geworfen. Dennoch: Die Aufgabe ist nicht unlösbar, die richtige Lösung existiert bereits!
Aber bitte – zerbrechen Sie sich nicht unnötig den Kopf darüber, sondern freuen Sie sich auf die Möglichkeiten, die Ihnen das Origami auch hier eröffnet.

Origami – Krönung der Puzzlespiele

Denk- und Legespiele wie Tangram und Origami haben eines gemeinsam: ihre enge Verbindung zur Mathematik und Geometrie. Aber das Wunderbare dabei ist, dass es nicht darum geht, schwierige Formeln zu lösen, sondern dass Spaß und Spiel an erster Stelle stehen. Und ganz nebenbei, eben spielerisch, erweitern wir dadurch unser mathematisches, bildnerisches sowie funktionelles Verständnis und Wissen.

Origami halte ich deshalb für die »Krönung der Puzzlespiele« – und ich denke, die Experten Fröbel und Row würden mir zustimmen.

In seinem 1905 erschienenen Werk »Geometric Exercises in Paper Folding« (Dover 1966) stellt *T. Sundara Row* ein neues Tangram vor (siehe Abbildung unten). Hierzu gibt es nur eine Aufgabe, und auch die Lösung fällt nicht so schwer; trotzdem dürfte es nicht ganz leicht sein, einmal vermischte Teile wieder zur Grundform zusammenzusetzen.

Versuchen Sie sich auch einmal an dieser Variante, und schneiden Sie dazu die benötigten Teile wieder aus Karton aus (zur Konstruktion siehe Zeichnungen unten).

Original-Tangram

Ein Element des Original-Tangrams hat 1/4, 1/8 oder 1/16 seiner Gesamtfläche.

Beispiel-Aufgaben:

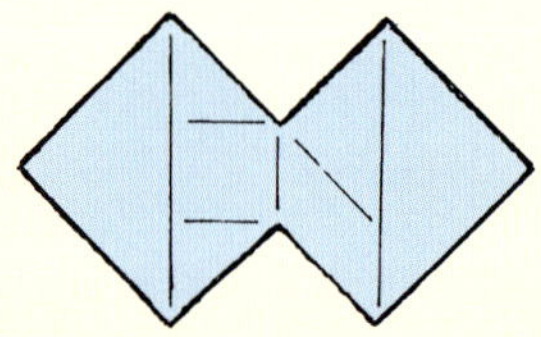

Schleife

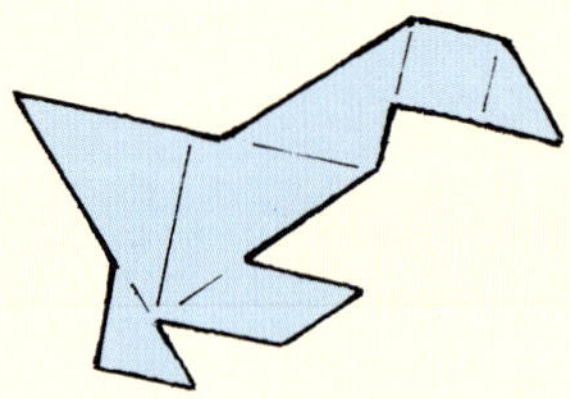

Spazierende Ente

Laufendes Kind

Row'sches Tangram (T. Sundara Row, 1905)

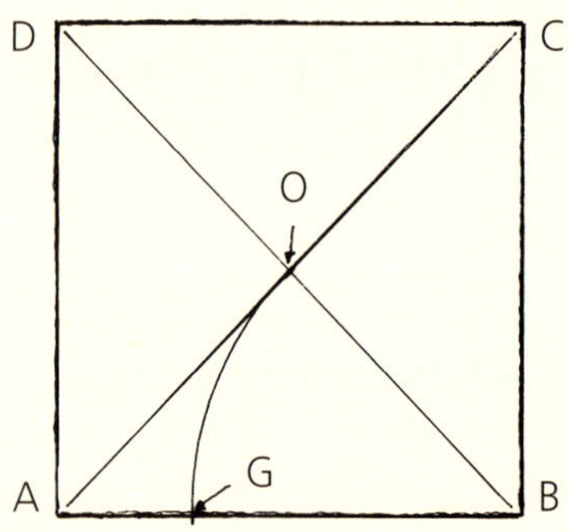

BO = BG

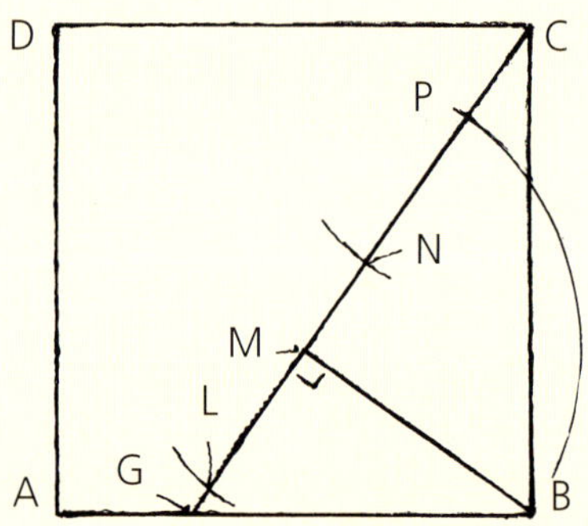

BM = MP = CN = NL

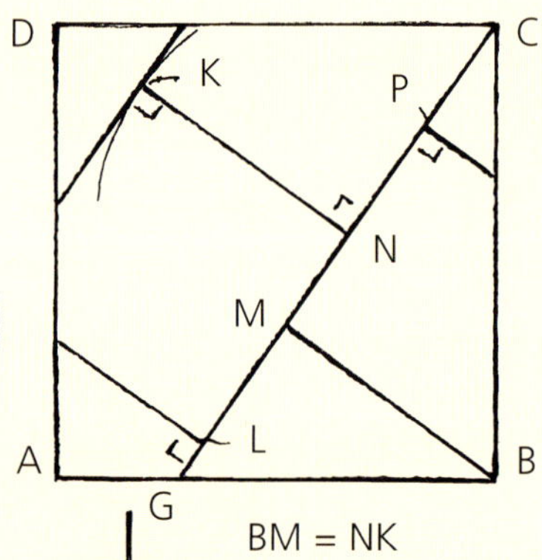

BM = NK

Aufgabe: Bilden Sie aus den sieben Tangram-Teilen drei gleich große Quadrate.

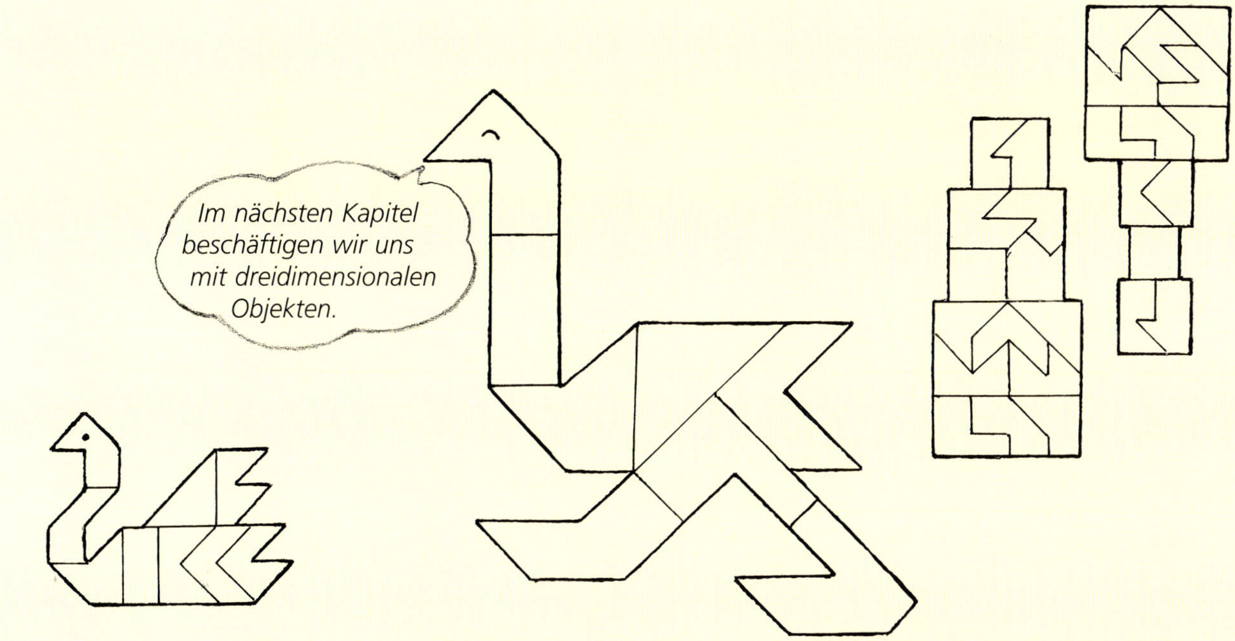

Wie die Zeichnungen unten zeigen, lassen sich alle 20 Teile des Super-Tangrams aus den Elementen des Original-Tangrams legen. Damit ist zugleich noch einmal der Beweis erbracht, dass alle Figuren den gleichen Flächeninhalt haben.

Kapitel 3 Dreidimensionale Objekte

Schachteln

In der Origami-Tradition werden Schachteln zu den beliebtesten Arbeiten gezählt – hierin wird mir wohl niemand widersprechen.

Grundsätzlich gibt es in diesem Bereich unzählige Gestaltungs- und Variationsmöglichkeiten, von denen ich einige hier vorstellen möchte. Das erste Beispiel, die Einsatzschachteln, sind ein traditionelles Modell. Hierbei werden mehrere Schachteln verschiedener Größe aus immer gleich großen Papieren gefaltet. Sollten Sie sich die Frage stellen, welche Schachtel das größte Volumen aufweist, so kann man das mit Hilfe der Differentialrechnung ermitteln, die auf den Physiker und Mathematiker *Sir Isaac Newton* (1643–1727) zurückgeht. Die Antwort lautet: Diejenige Schachtel, bei der das Verhältnis von Basislinie zur Höhe 4 : 1 beträgt, hat das größte Volumen. Für ausführliche Erklärungen bitte bei einem Mathematiklehrer nachfragen.

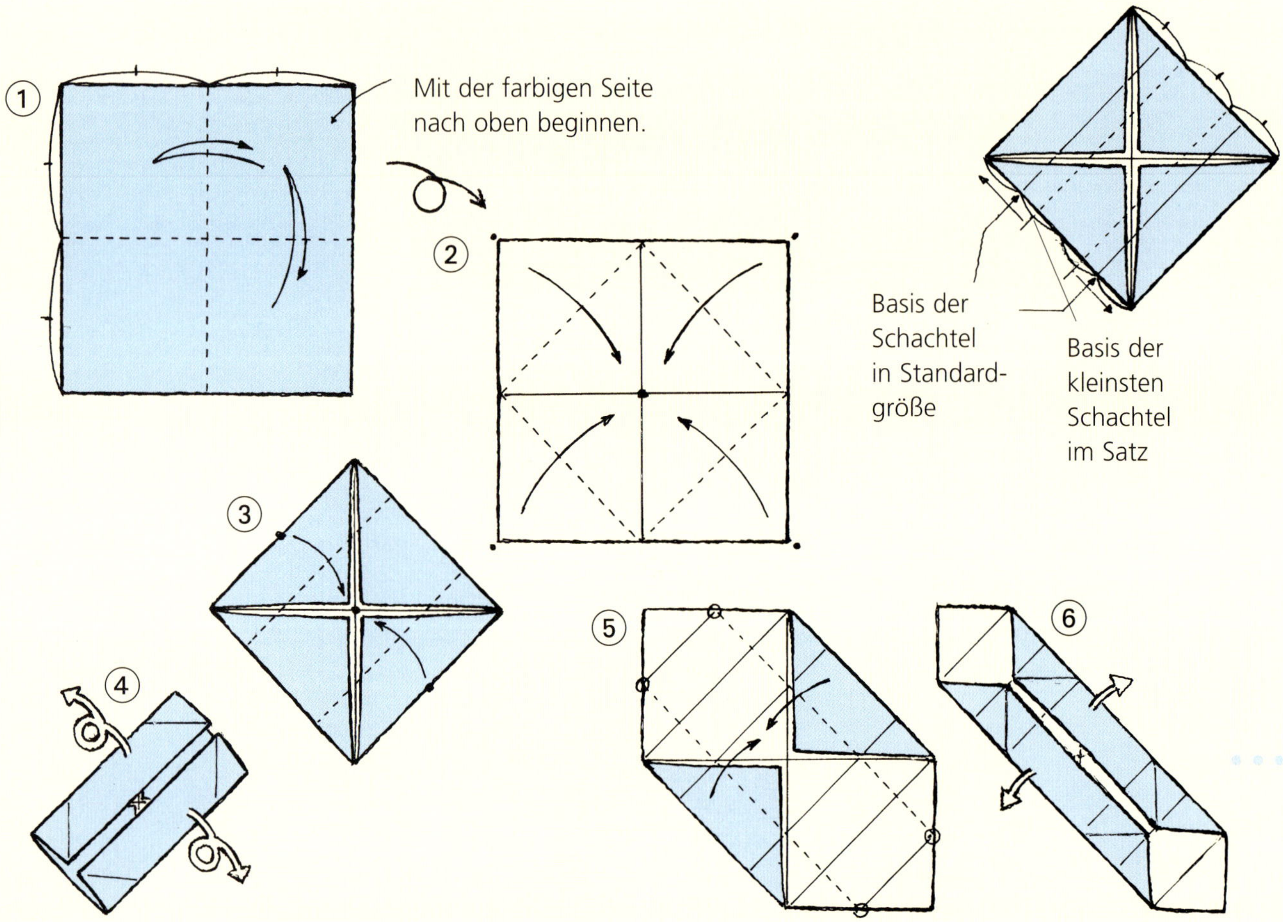

Einsatzschachteln

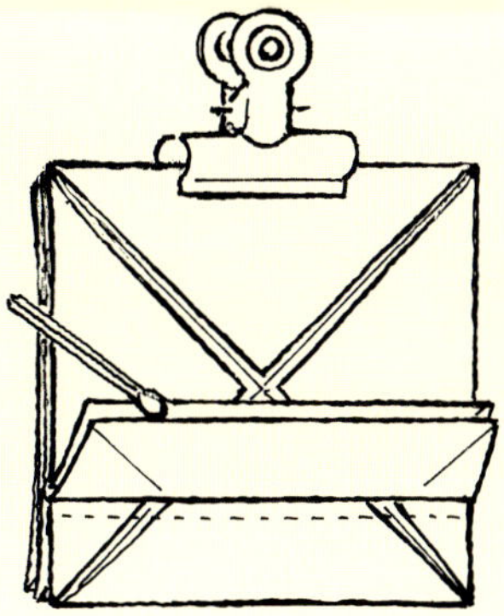

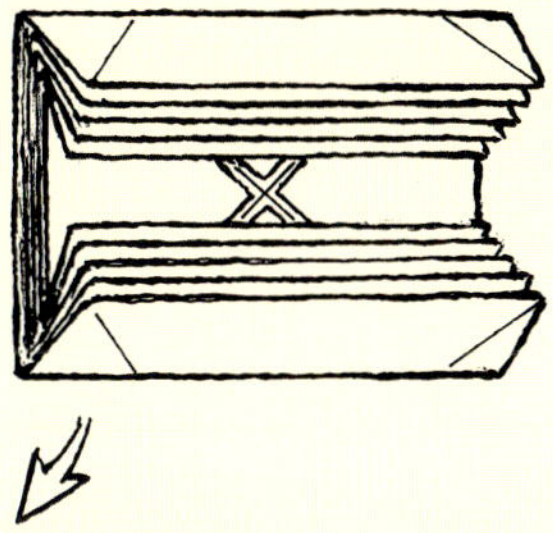

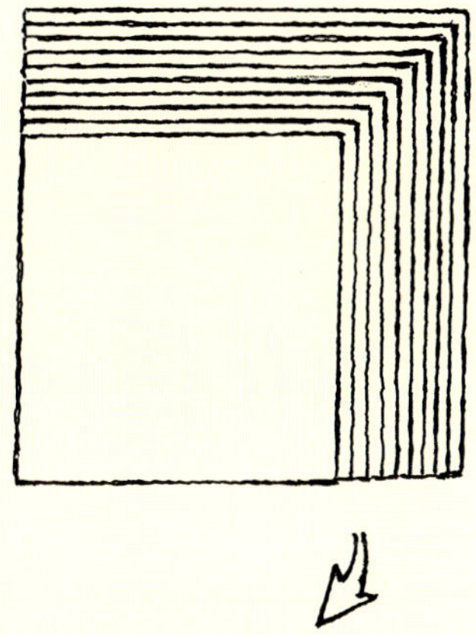

A

B

Wenn Sie für alle Schachteln Papier der gleichen Größe verwenden und bei Schritt 3 den Abstand der Basislinien jeweils um die Größe eines Streichholzkopfes enger falten, erhalten Sie das in Bild A dargestellte ansprechende Ergebnis.

Wenn Sie Papier verschiedener Größe verwenden, erhalten Sie das in Bild B dargestellte Ergebnis.

Wie wäre es mit einem Spiel, bei dem Sie zwei Schachtelsätze A und B miteinander vermischen und anschließend wieder richtig zusammensetzen?

Will man dazu einen Deckel falten, so faltet man im Schritt 2 nicht ganz bis zur Mitte.

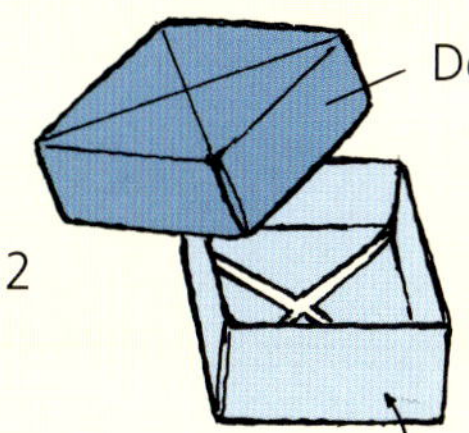

⑪

Die einfache Schachtel ohne Deckel ist fertig.

Entsprechend der eingezeichneten Berg- und Talfalten nach innen falten.

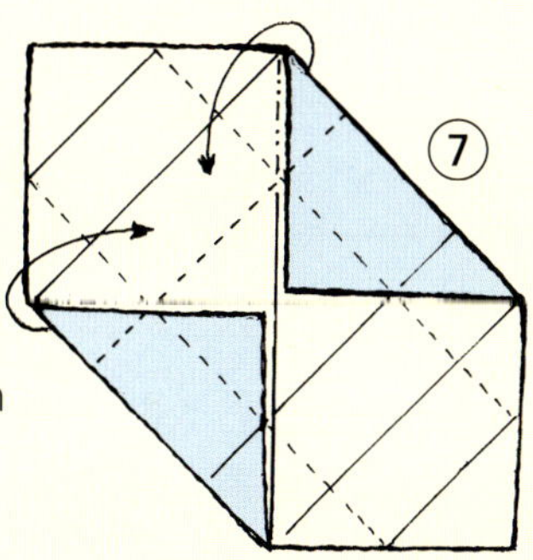

⑦

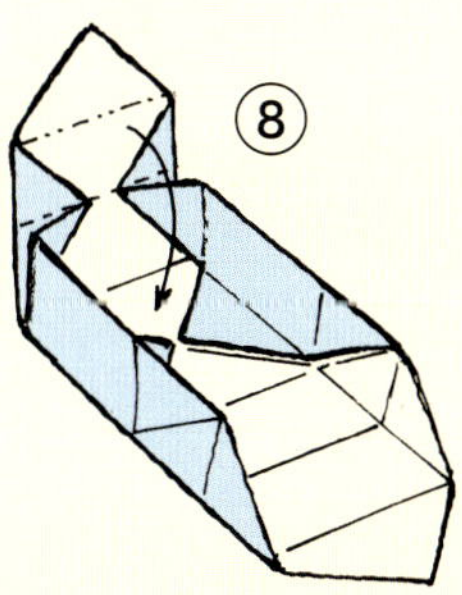

⑧

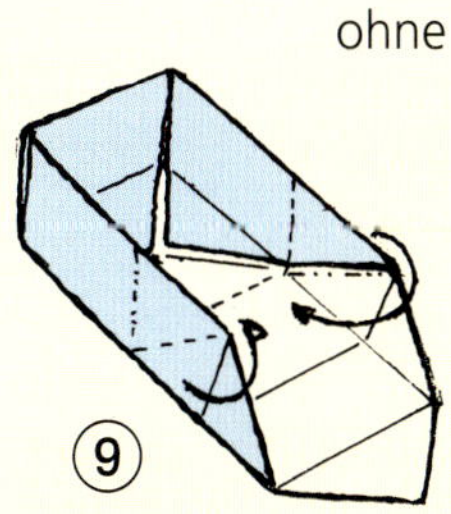

⑨

⑩

Der Würfel und einige Abwandlungen

Ein einfacher Würfel entsteht, indem Sie zwei noch nicht ganz fertig gefaltete Schachteln ineinander stecken (siehe Zeichnungen 1 – 10). Wenn Sie nun eine Ecke – oder auch mehrere – wie eine umgekehrte Pyramide nach innen falten (siehe Zeichnungen 11 – 14), entstehen neue geometrische Körper.

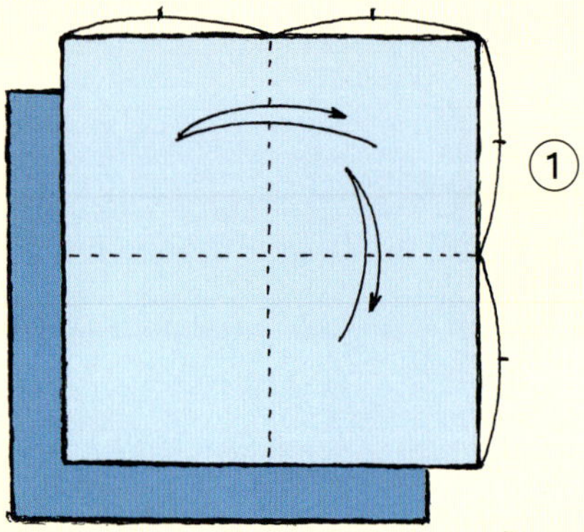

Verwenden Sie Papier in zwei verschiedenen Farben. Beginnen Sie jeweils mit der farbigen Seite oben.

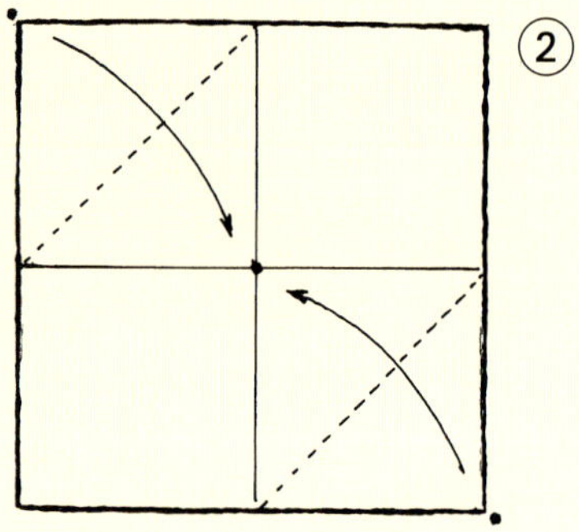

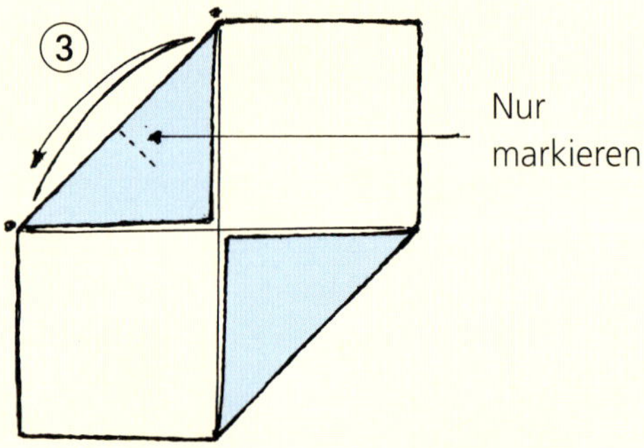

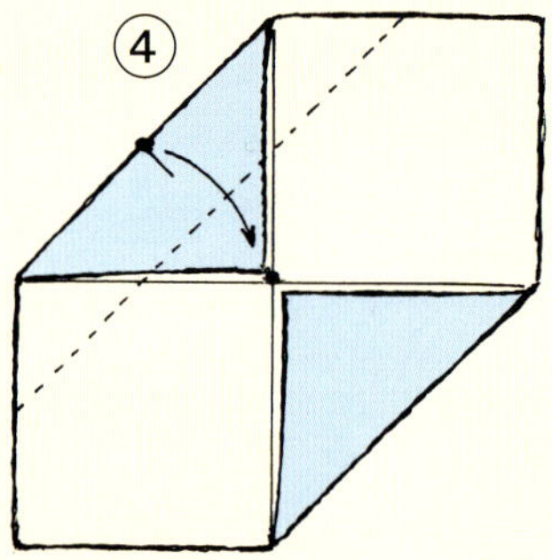

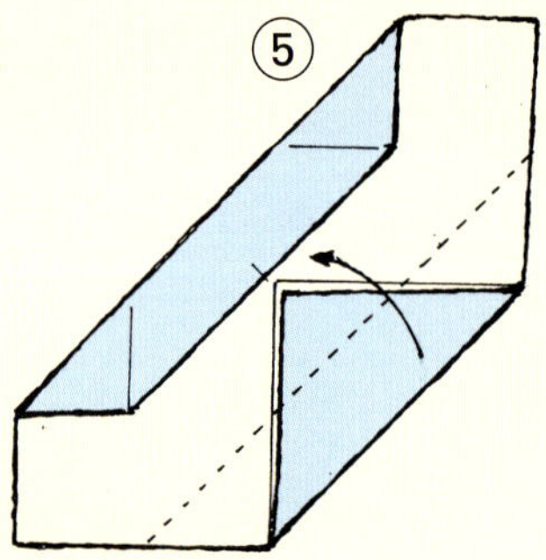

⑬

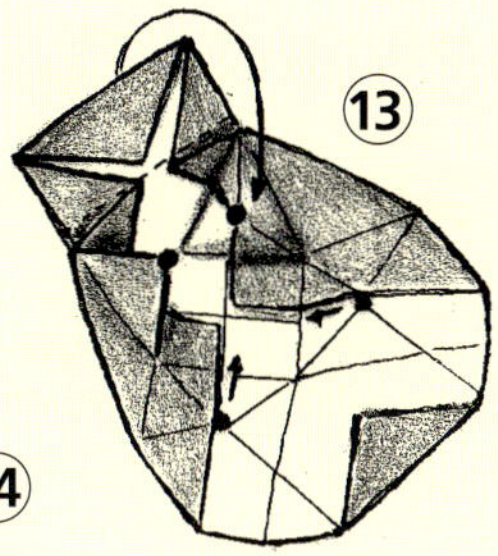

⑫

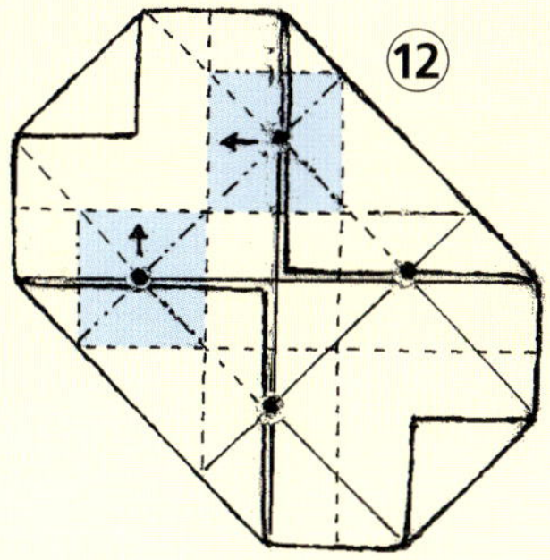

⑪

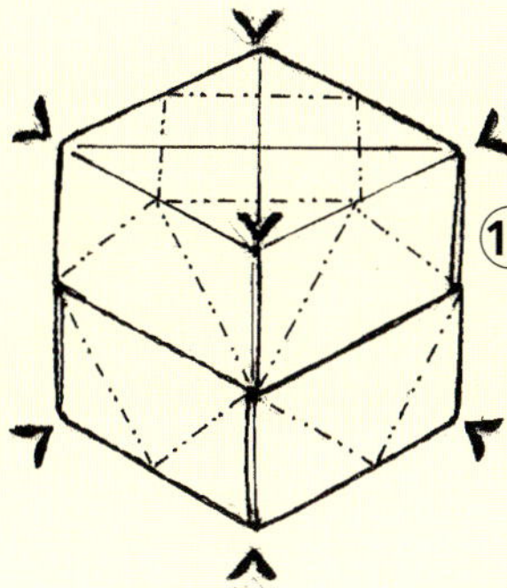

⑭

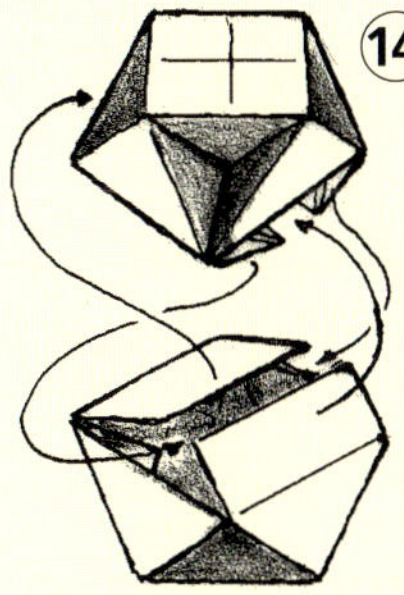

So stecken Sie die beiden Teile ineinander.

Als Vorbereitung für die umgekehrten Pyramiden müssen Sie einige neue Falten machen und bei Teilstrecken schon bestehender Falten die Orientierung ändern (siehe Zeichnung).

⑩

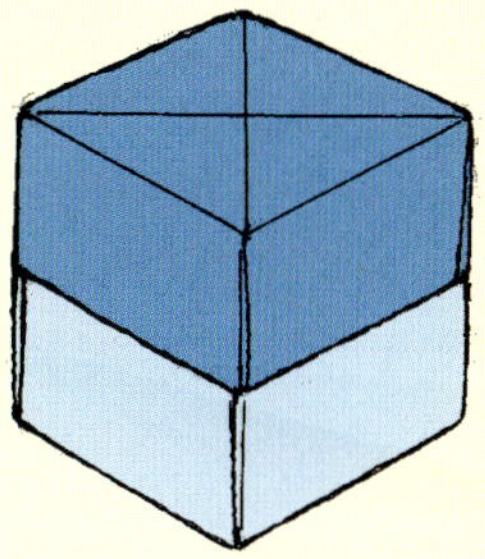

⑨

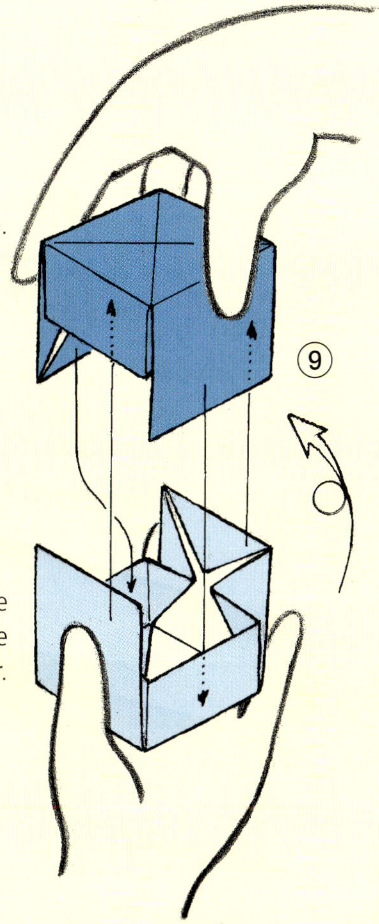

So stecken Sie die beiden Teile ineinander.

Wenn Sie dieses Objekt mehrfach falten und dabei jedesmal verschiedene der acht Würfelecken versenken, erhalten Sie eine Serie attraktiver Formen. Eine Auswahl davon ist auf dem Titelfoto abgebildet.

In der angegebenen Reihenfolge falten.

⑥

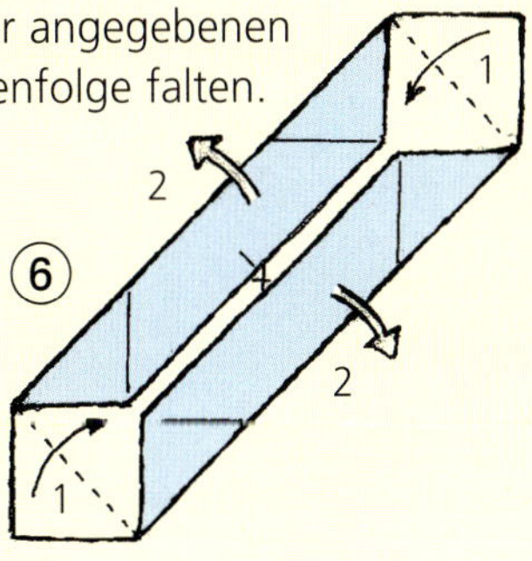

⑦

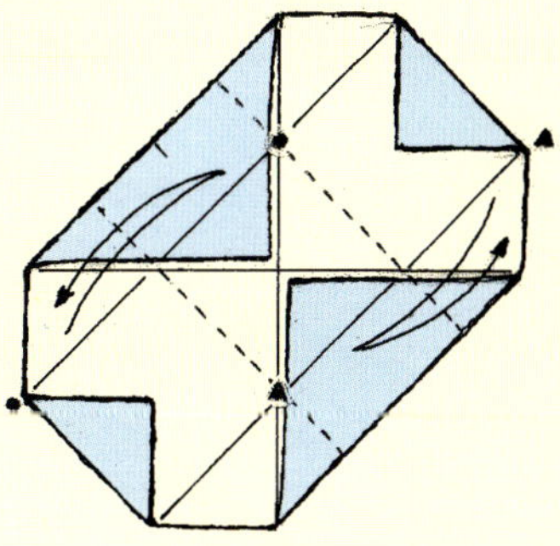

⑧

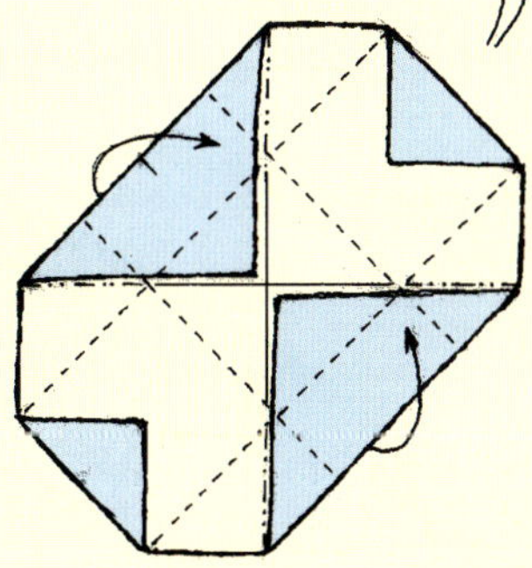

Die regelmäßigen Polyeder

Der Würfel ist eine geometrische Grundfigur und einer der fünf so genannten Platonischen Körper oder regelmäßigen Polyeder (= Vielflächner).

Welches sind die fünf regelmäßigen Polyeder? Diese Körper werden folgendermaßen definiert: Sie werden von kongruenten, regelmäßigen Vielecken begrenzt, und in jedem Eckpunkt treffen gleich viele Kanten zusammen. Nur fünf Polyeder erfüllen diese Bedingungen. Drei davon setzen sich aus gleichseitigen Dreiecken zusammen, einer aus Quadraten und einer aus regelmäßigen Fünfecken.

Am bekanntesten ist der Würfel, der viele Menschen fasziniert. Rubik's cube, der Würfel zum Drehen, der die ganze Welt verrückt gemacht hat, ist ein gutes Beispiel dafür. Auch in der Origami-Welt ist das nicht anders. Schon einige hundert Origami-Würfel mit vielfältigen Besonderheiten wurden bis heute erfunden, und ihre Zahl wächst noch weiter.

Einen Würfel haben Sie bereits kennen gelernt (siehe Seite 53), aber ich möchte Ihnen jeweils aus einem anderen Blickwinkel noch drei weitere Varianten sowie die vier anderen Platonischen Körper vorstellen. Allein in diesen fünf Figuren steckt ein unbeschreiblich geheimnisvoller Zauber.

Würfel aus Flächenmodulen

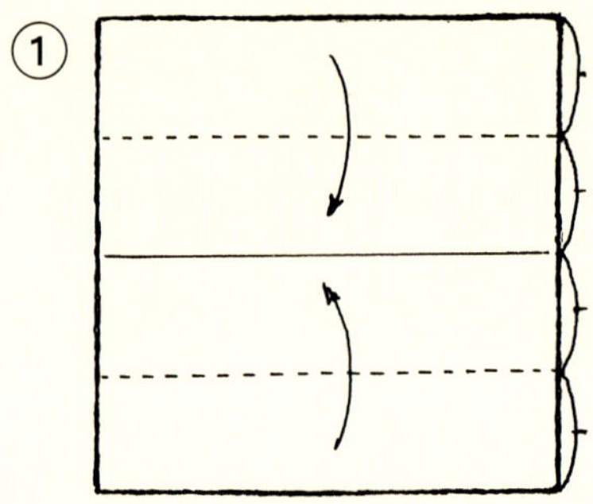

Für einen Würfel benötigen Sie sechs Blatt Papier.

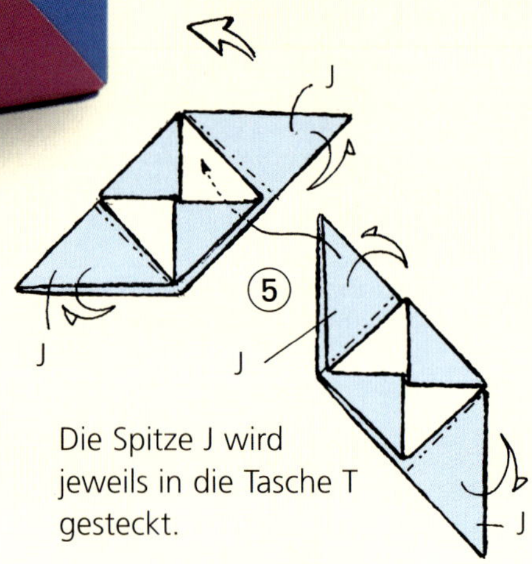

Die Spitze J wird jeweils in die Tasche T gesteckt.

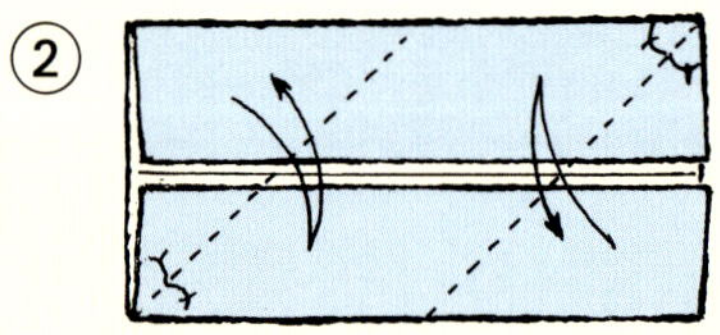

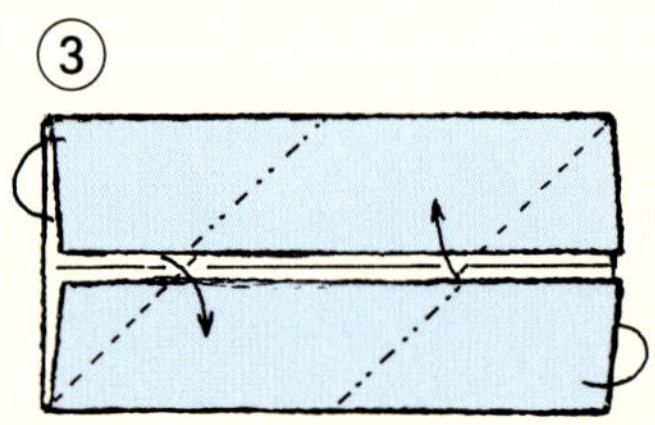

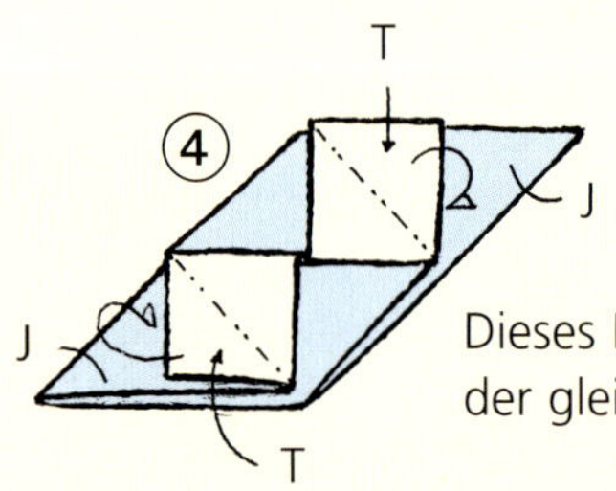

Dieses Element sechsmal in der gleichen Farbe herstellen.

Die fünf Platonischen Körper (regelmäßige Polyeder)

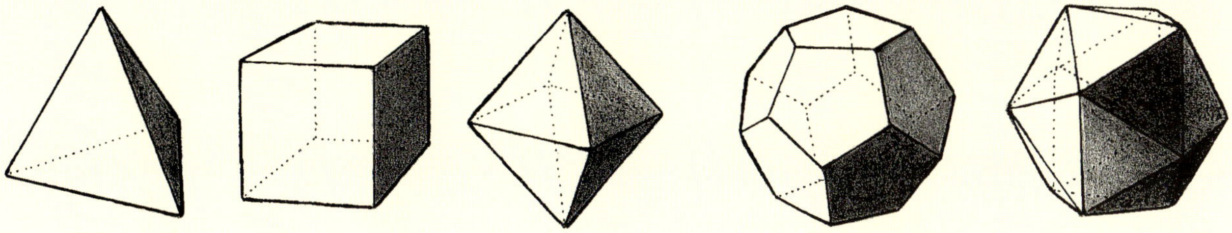

Tetraeder | Würfel | Oktaeder | Pentagondodekaeder | Ikosaeder

Name des Polyeders	Form der Seitenfläche	Anzahl der Seitenflächen	Anzahl der Kanten	Anzahl der Ecken
Tetraeder	gleichseitiges Dreieck	4	6	4
Würfel (Hexaeder)	Quadrat	6	12	8
Oktaeder	gleichseitiges Dreieck	8	12	6
Dodekaeder	regelmäßiges Fünfeck	12	30	20
Ikosaeder	gleichseitiges Dreieck	20	30	12

Anzahl der Seitenflächen = 6 = Anzahl der Flächenmodule

Auch der Würfel mit den einfarbigen Seitenflächen wird aus sechs Modulen hergestellt. Vielleicht denken Sie, das sei ein technischer Rückschritt. Aber hier geht es nicht um Technik, sondern das Augenmerk soll auf die Seitenflächen des Würfels gerichtet werden – einer seiner Grundelemente –, deren Zahl mit der Anzahl der verwendeten Module übereinstimmt.

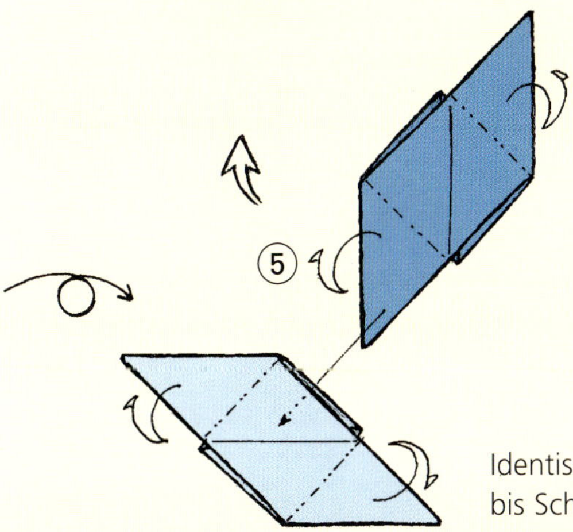

Fertigen Sie jeweils zwei dieser Module in drei verschiedenen Farben an.

Identische Faltweise bis Schritt 4

Anleitung für den Zusammenbau siehe Seite 57.

Die drei Grundelemente der Polyeder

Ein Polyeder wird durch drei Grundelemente, nämlich seine Seitenflächen, Kanten und Ecken, bestimmt. Natürlich könnte man auch den Mittelpunkt der Seitenflächen und den räumlichen Mittelpunkt im Inneren zum Ausgangspunkt für eine Entwicklung einer Figur wählen. Bleiben wir aber einmal bei diesen drei Elementen und den daraus entstehenden Modellen – am Beispiel des Kubus.

Die Module stehen in engem Zusammenhang mit der Lösung unseres Problems: Einen geometrischen Körper aus nur einem Blatt Papier zu falten, ist äußerst kompliziert.

Zur Vereinfachung teilen wir den Körper zuerst in gleiche Teile, wobei jeder Teil einem bestimmten Grundelement (z. B. einer Seitenfläche) entspricht. Für dieses Grundelement falten wir eine entsprechende Anzahl identischer Elemente, die wir dann zum Körper zusammenstecken. Diese Elemente werden Units oder Module genannt.

Würfel aus Eckmodulen

1

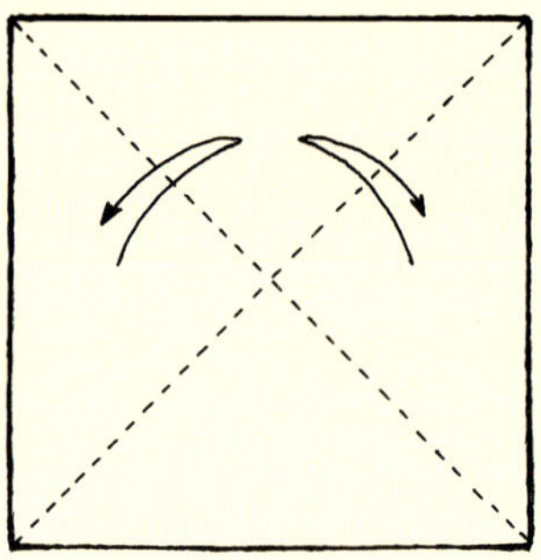

Aus vier Blatt Papier werden die acht Eckmodule hergestellt.

Ein Würfel besitzt acht Ecken, und im Grunde kann er allein aus diesen acht Teilen gebildet werden. Bei der hier vorgestellten Lösung sind aber unbedingt noch sechs Anschlussmodule erforderlich. Insgesamt benötigen Sie für den Würfel sieben Papierquadrate.

2

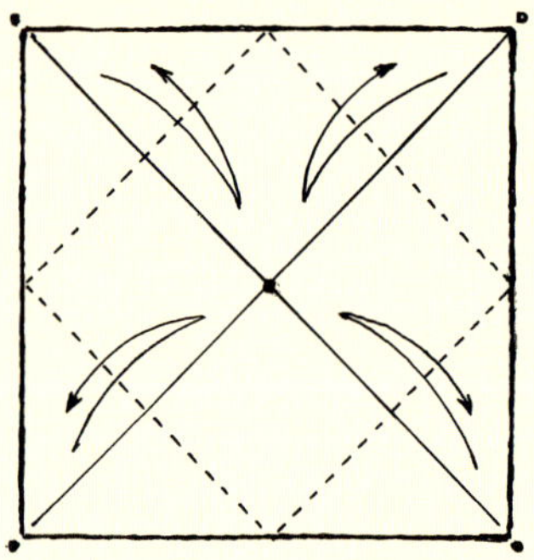

3

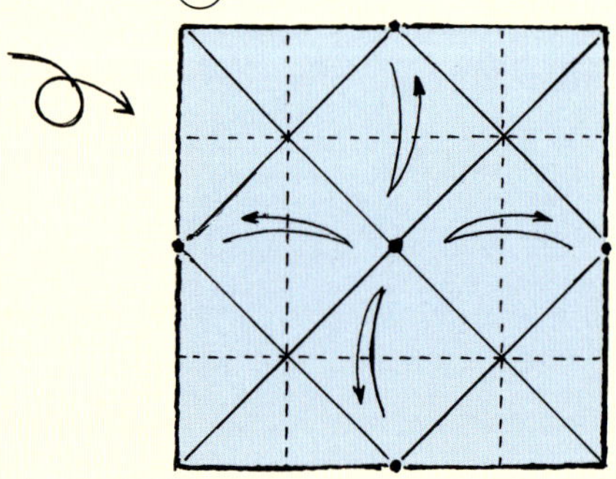

4

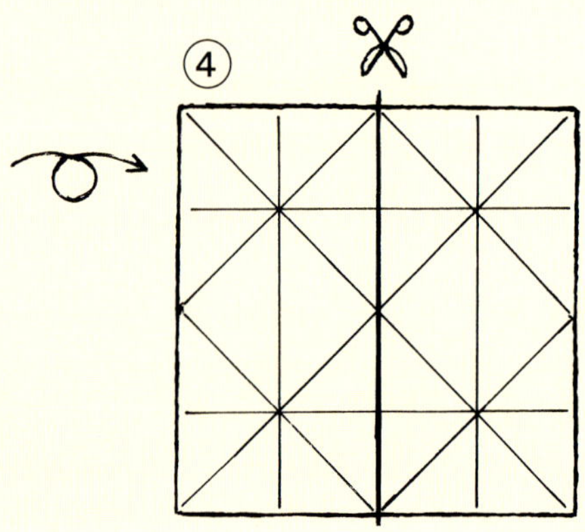

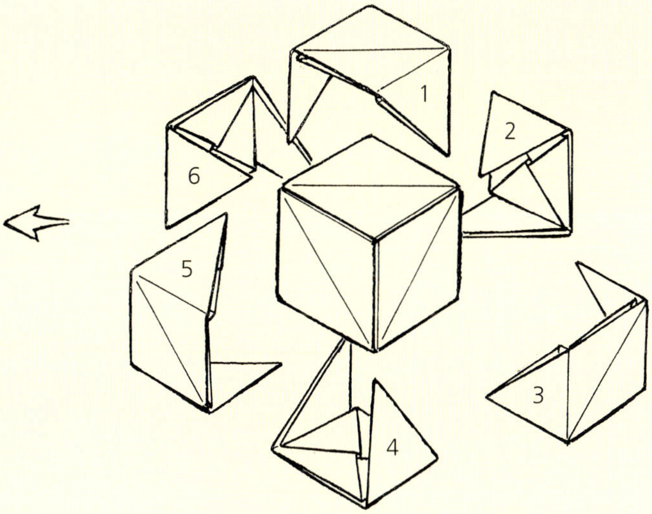

Zusammenbau des Würfels aus Flächenmodulen (siehe Seiten 54/55)

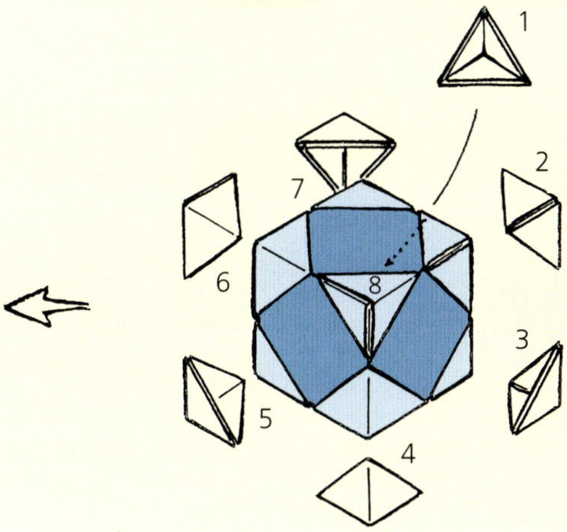

Anzahl der Ecken = Anzahl der Eckmodule = 8
Anzahl der Flächen = Anzahl der Anschlussmodule = 6

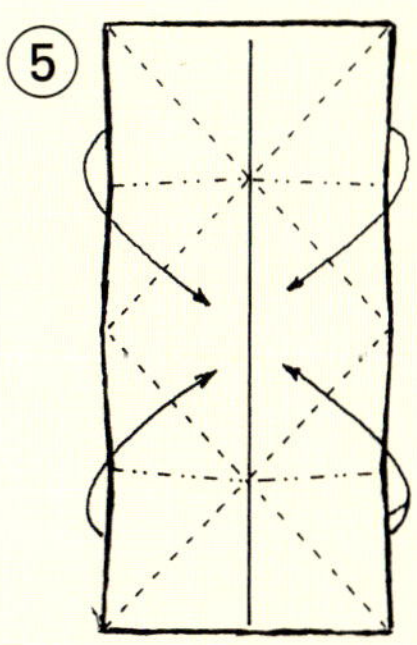

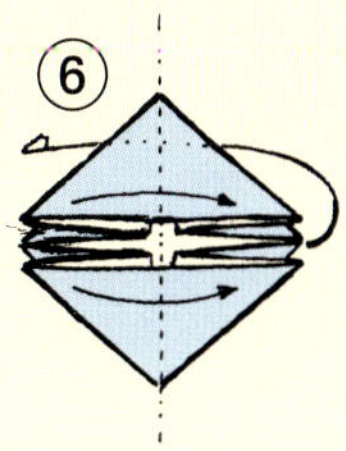

Die Spitze rechts hinten nach links und zwei Spitzen vorne links nach rechts falten.

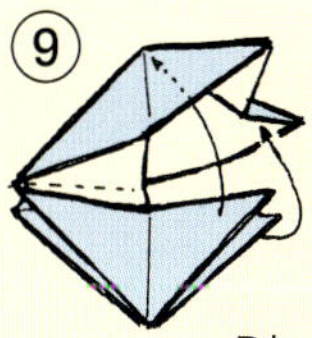

Die beiden Spitzen hineinstecken.

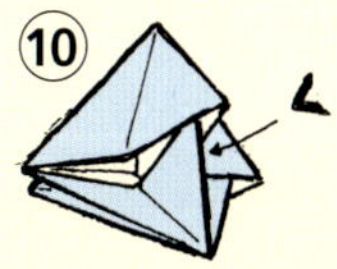

Hineinschieben.

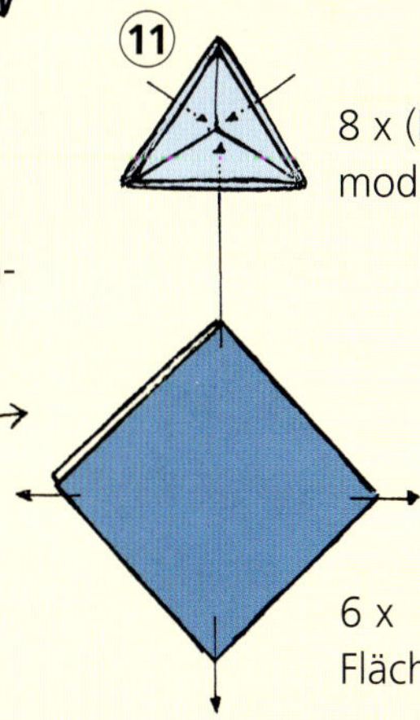

8 x (Eckmodule)

6 x Flächen

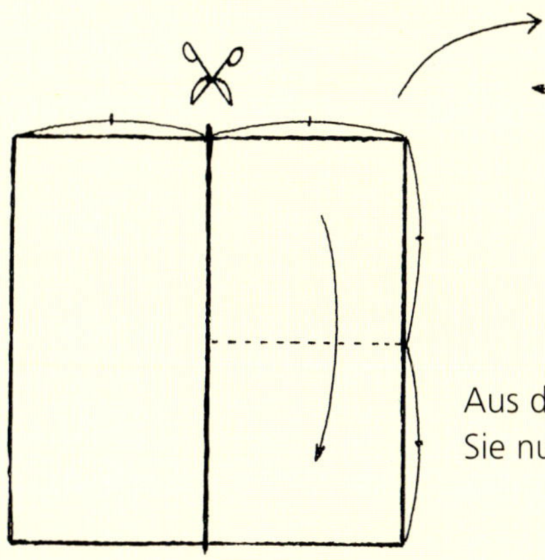

Aus drei Papierquadraten stellen Sie nun die Anschlussteile her.

Würfel aus Kantenmodulen

(im Folgenden als 45°-Module bezeichnet)

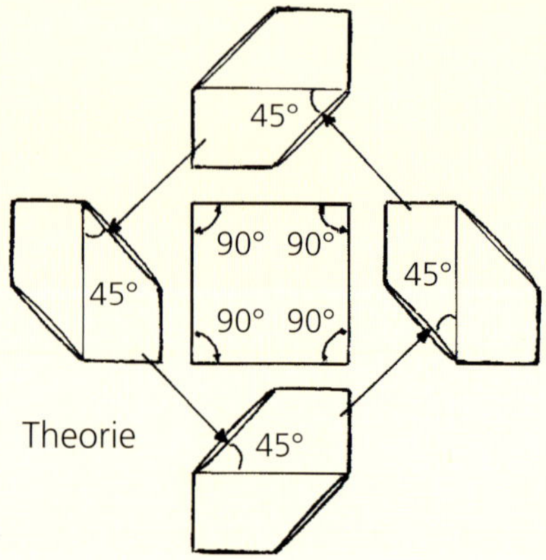

Theorie

Würfel (Hexaeder)

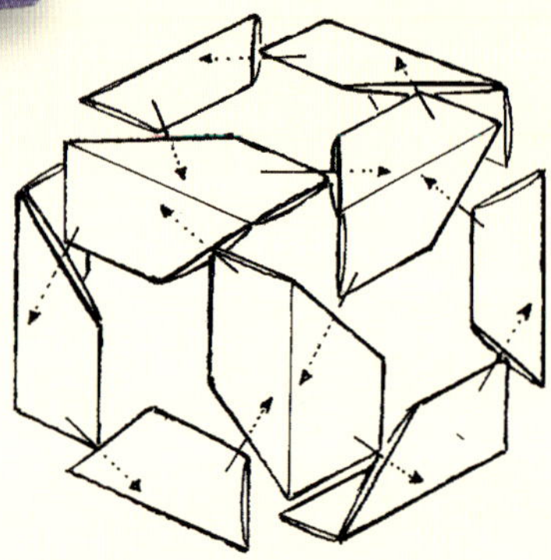

Zusammenbau (drei verdeckte Module auf der Rückseite sind nicht gezeichnet)

Anzahl der Kanten = 12

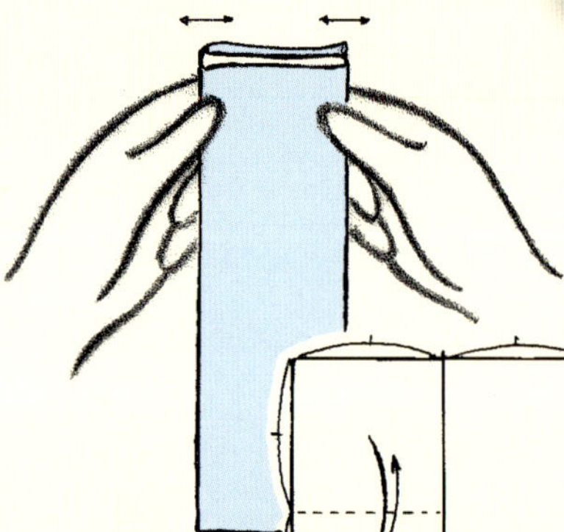

1

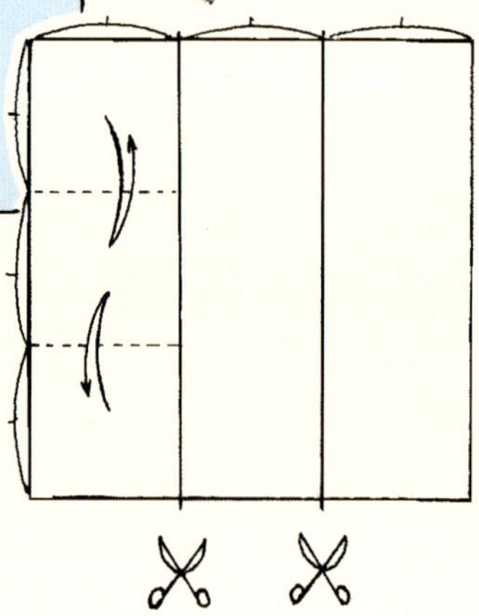

Aus einem Papierquadrat lassen sich drei Module herstellen.

2

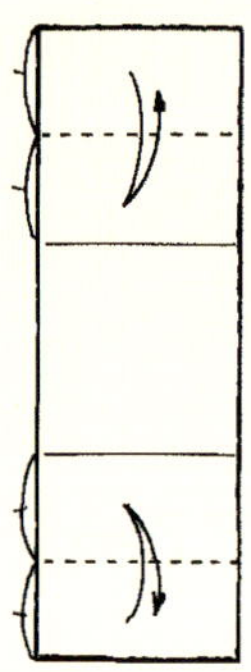

3

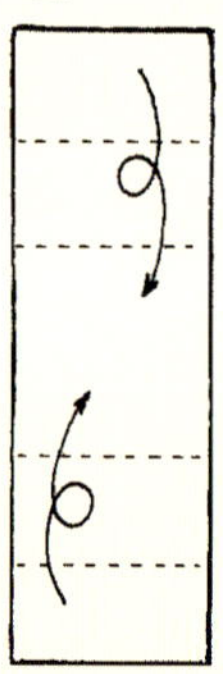

4

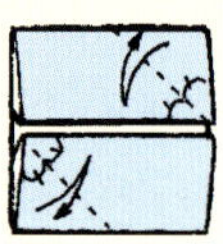

5

6

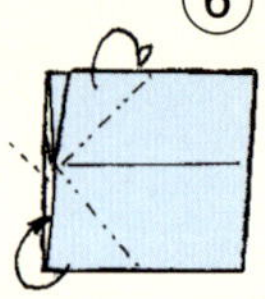

Gegenbruch nach innen

7

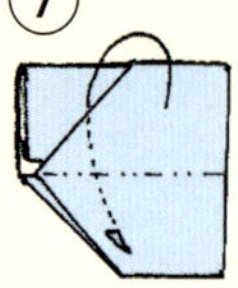

So hinter den Gegenbruch stecken, ...

8

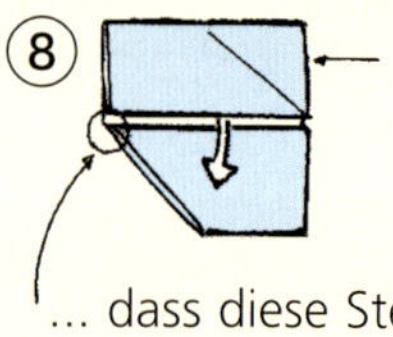

... dass diese Stelle fest schließt.
Den oberen Teil genauso falten (Schritte 5 – 8).

9

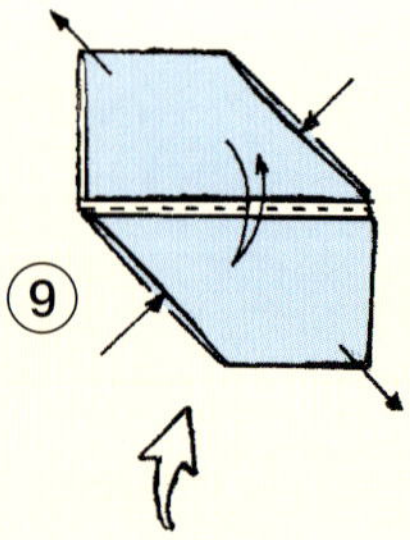

Das fertige Modul 12 x

1

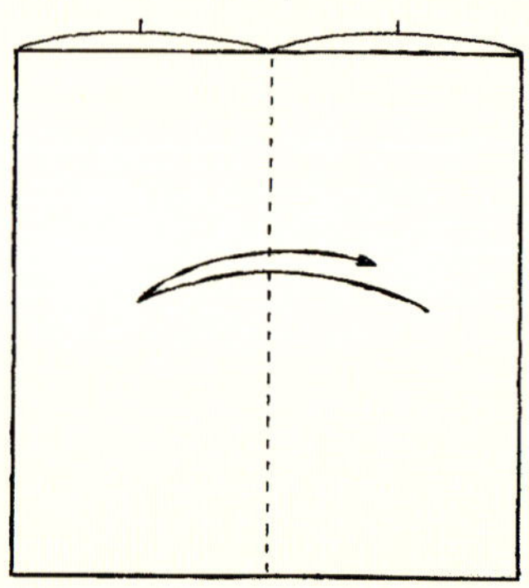

Aus einem Quadrat kann man zwei 30°-Module herstellen. Um ein ansprechendes Ergebnis zu erhalten, verwenden Sie für alle Polyeder drei verschiedene Farben.

Tetraeder, Oktaeder, Ikosaeder – aus 30°-Modulen

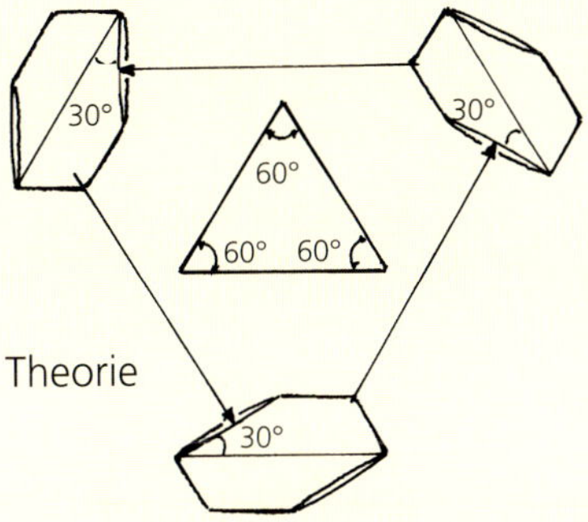

Theorie

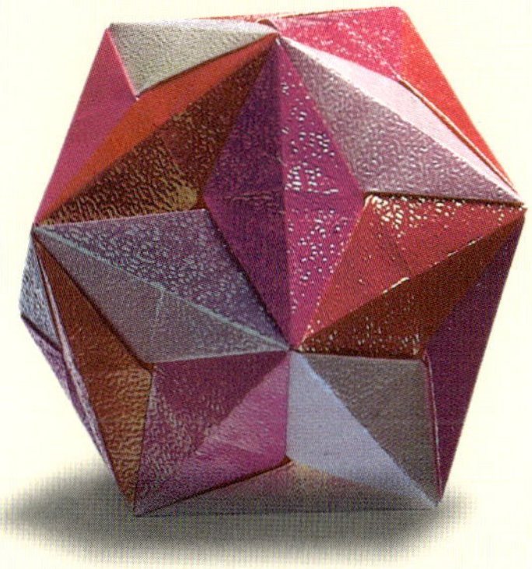

Ikosaeder
30 Module –
10 Elemente je Farbe

Oktaeder
12 Module –
4 Elemente je Farbe

Tetraeder
6 Module –
2 Elemente je Farbe

Diese drei Platonischen Körper werden aus 30°-Modulen gefaltet. Sie sollten die Module – wie für alle Polyeder – in drei verschiedenen Farben anfertigen.

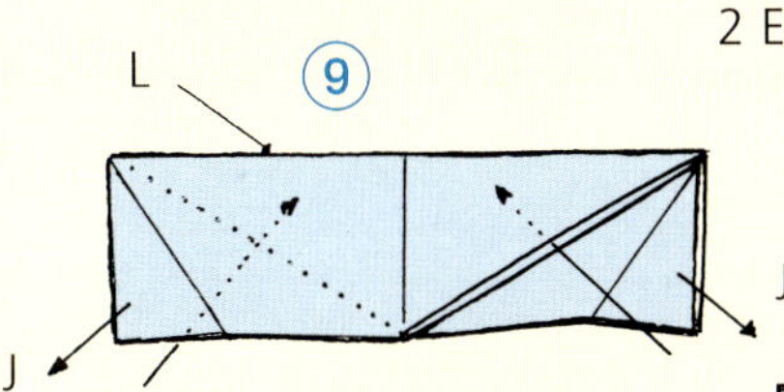

Beim Zusammenbau die Lasche J so in den Gegenbruch des nächsten Moduls hineinstecken, dass sie jenseits der Kante L zu liegen kommt.

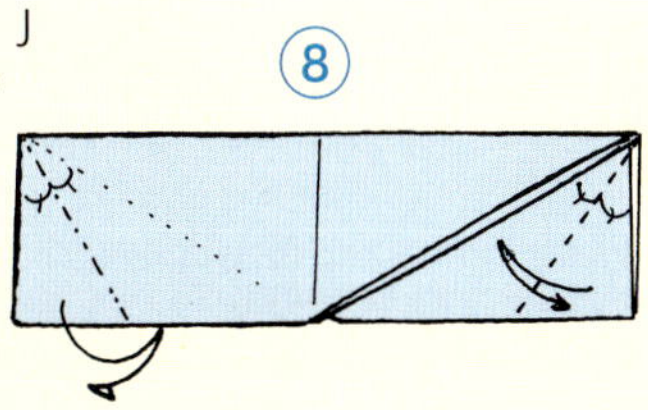

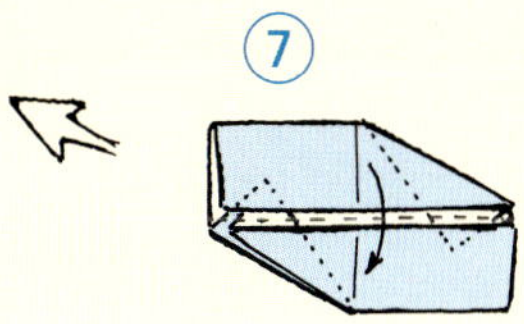

Gegenbruch nach innen

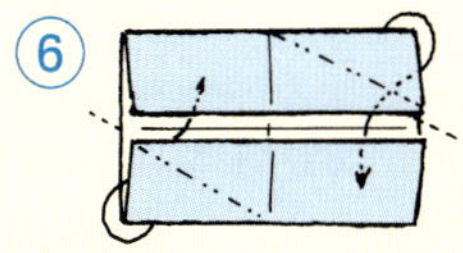

Dieser Abschnitt wird nicht mehr benötigt.

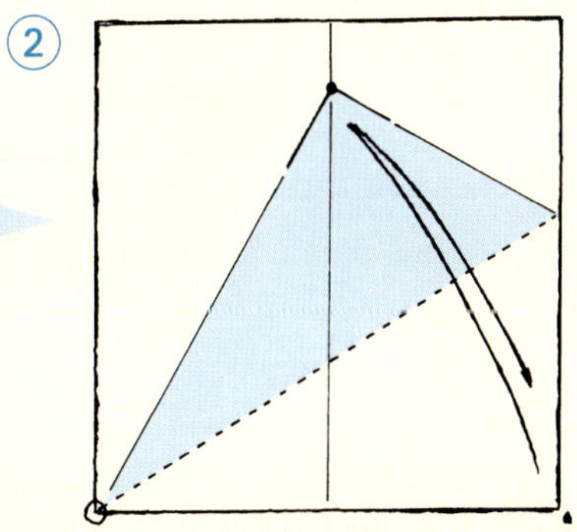

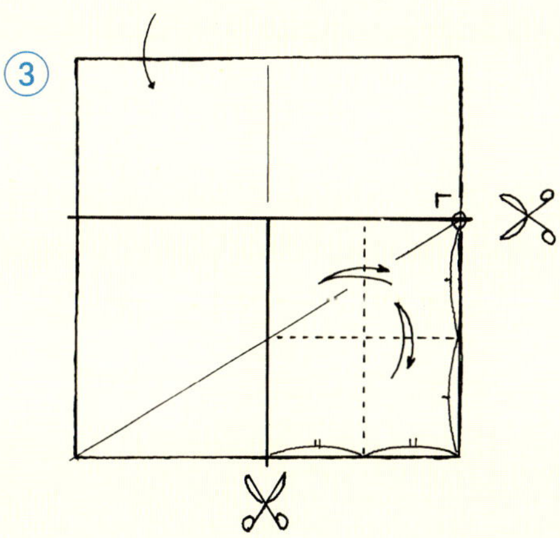

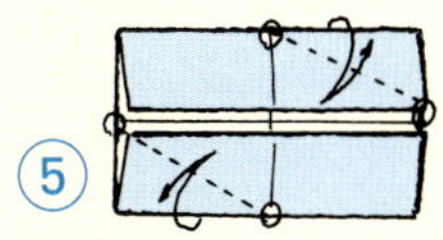

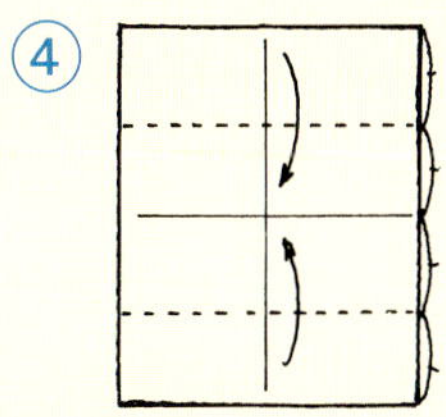

Pentagondodekaeder – 54°-Modul

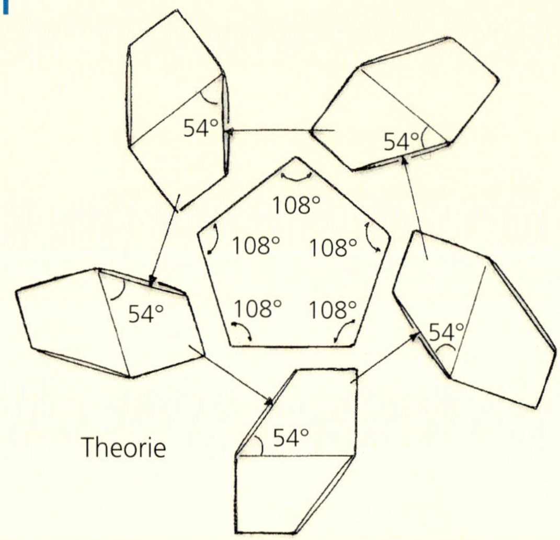

Aus einem Quadrat werden drei 54°-Module hergestellt. Dementsprechend benötigen Sie in diesem Fall je vier Blatt in drei verschiedenen Farben. Anmerkung des Lektorats: Man kann auch 4 Streifen aus einem Quadrat gewinnen, dann kommt man mit 3 Blatt je Farbe aus.

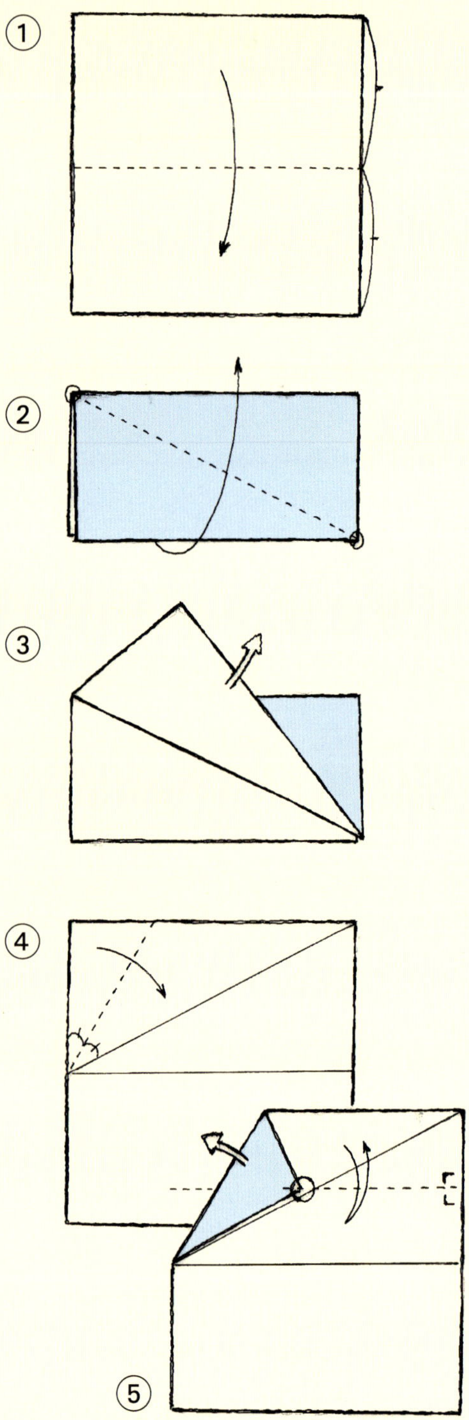

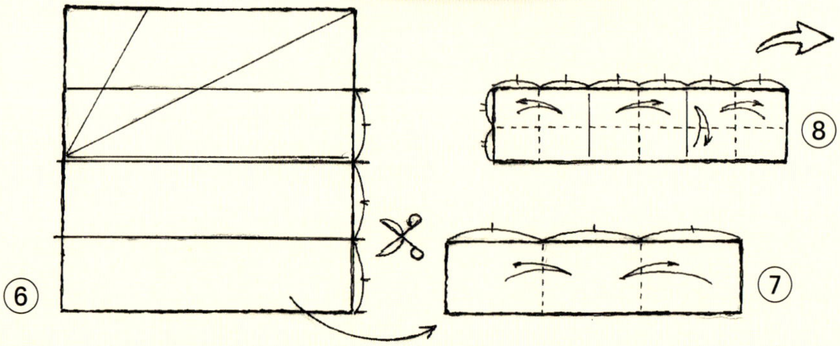

Die Platonischen Körper – Fünf gute Freunde

Die fünf Platonischen Körper – zusammengesetzt aus dem Kantenmodul für den Würfel und den daraus abgeleiteten Modulen – liegen nun vor Ihnen. Nur drei verschiedene Module waren dazu nötig – das 45°-, 30°- und 54°-Modul. Alle Körper wurden auf die gleiche Art zusammengebaut, und alle fünf Körper sind dreifarbig – eine Einheitlichkeit, die es so nur bei Origami gibt. Deshalb können wir sie gewiss gute Freunde nennen (eine Aussage, die Sie in keinem Mathematik-Lehrbuch finden werden). Aber man kann in diesem sympathischen Stil durchaus fortfahren und den Freundeskreis noch erweitern. Einige Beispiele dafür finden Sie auf den folgenden Seiten.

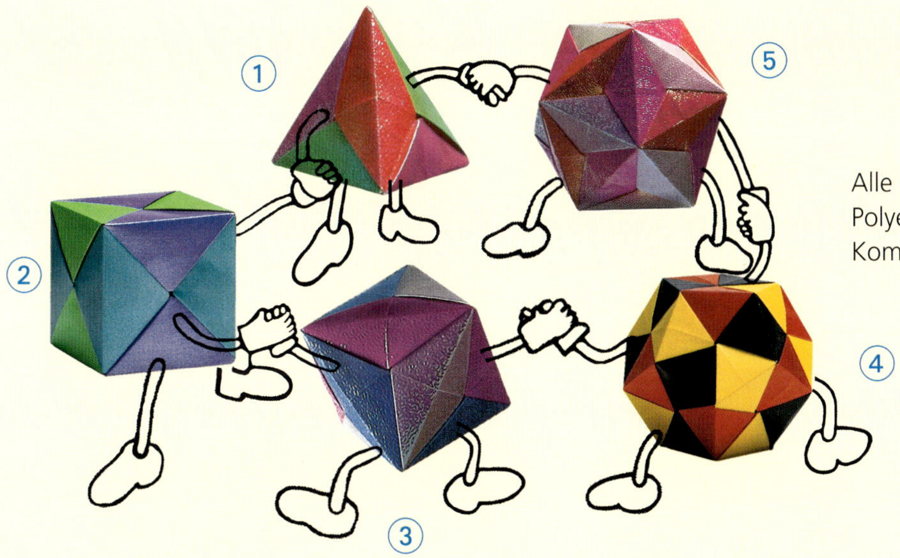

Alle regelmäßigen Polyeder sind dreifarbige Kompositionen.

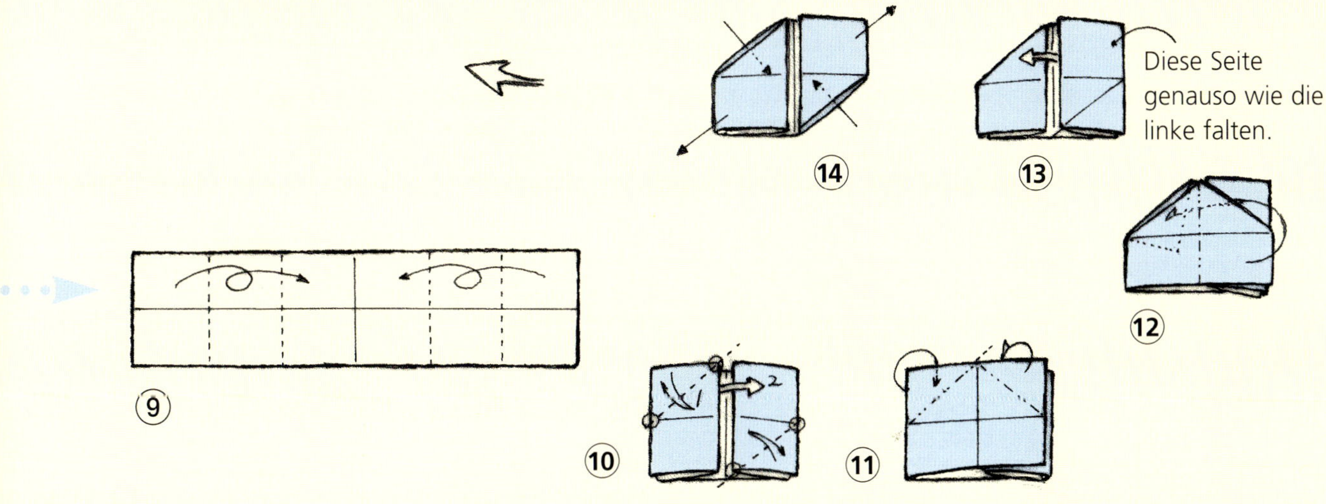

Weitere Kantenmodule

Eine Familie der Kantenmodule (45°-, 30°- und 54°-Modul) habe ich zusammen mit einer Theorie für den Zusammenbau der fünf Platonischen Körper vorgestellt. Tatsächlich gibt es aber noch zahlreiche weitere Möglichkeiten für Kantenmodule. Ich möchte dies am Beispiel des Oktaeders demonstrieren. Neben der bereits vorgestellten Konstruktion (siehe Modell A) – zeige ich vier weitere Versionen des Oktaeders aus Kantenmodulen (siehe Abbildungen B, C, D, E). Aber auch für die anderen Polyeder lassen sich diese Kantenmodule entwickeln, so dass insgesamt 5 x 5 = 25 Variationsmöglichkeiten in den fünf Polyedern stecken.

Versuchen Sie selbst diese Kantenmodule zu entwickeln und dann daraus die platonische Vielfalt zu falten.

Übrigens: Die Modelle B, C und E sind vom räumlichen Mittelpunkt aus konstruiert.

Für die dreifarbigen Modelle B bis E werden pro Farbe vier Blatt Papier, insgesamt also zwölf Blatt, benötigt.

Bei Modell B und E empfiehlt es sich, beim Zusammenstecken etwas Klebstoff auf die Verbindungslasche aufzutragen.

A

B

Das fertige Modul
12 x

⑥

⑤

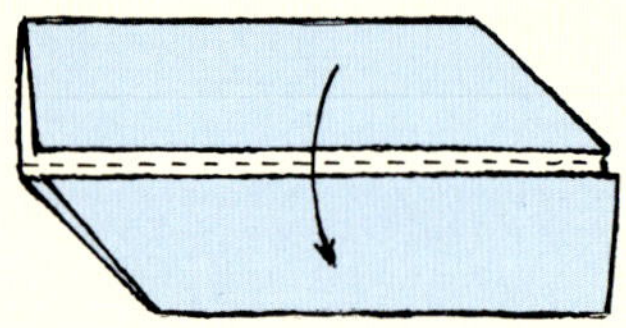

④

Gegenbruch nach innen

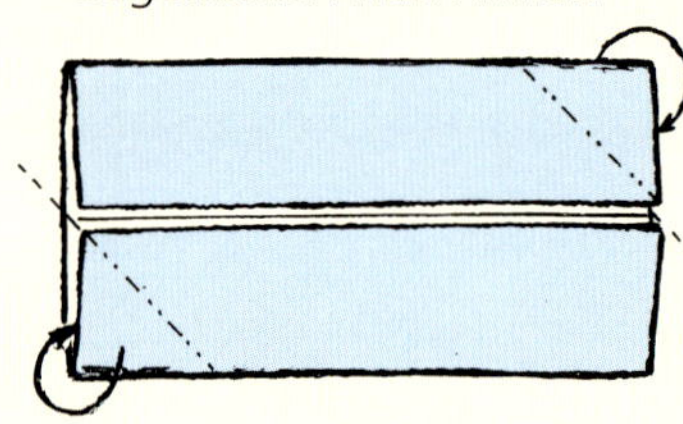

③

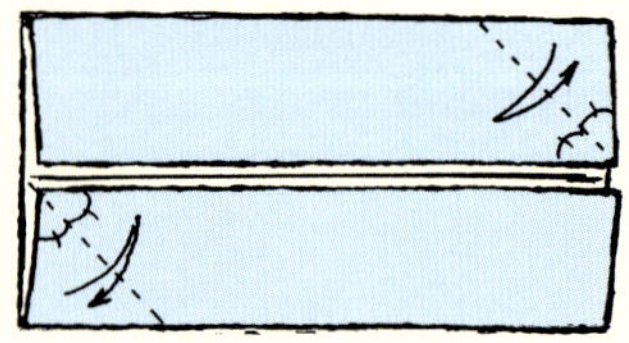

②

B

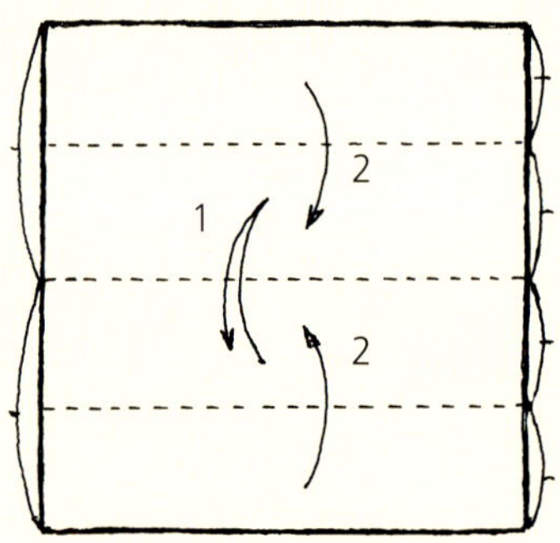

①

In der angegebenen Reihenfolge falten.

Das Oktaeder in fünf Variationen

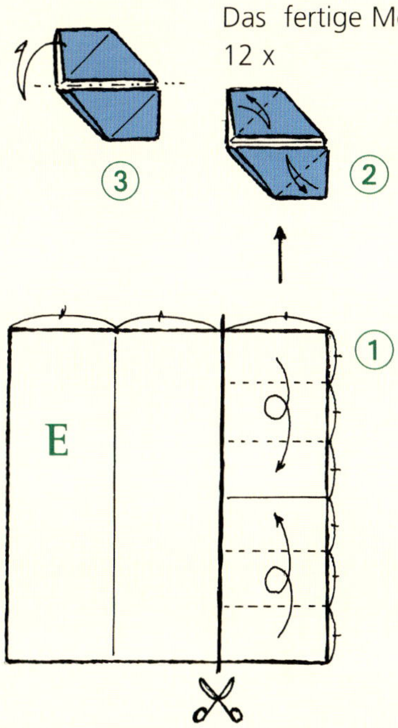

Das fertige Modul
12 x

Obwohl zur Herstellung aller Module Papier der gleichen Größe verwendet wurde, sind die fertigen Oktaeder verschieden groß (siehe Abbildungen).

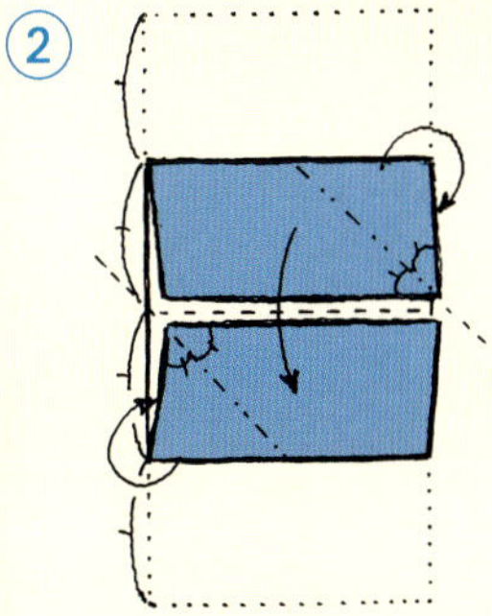

Das fertige Modul 12 x

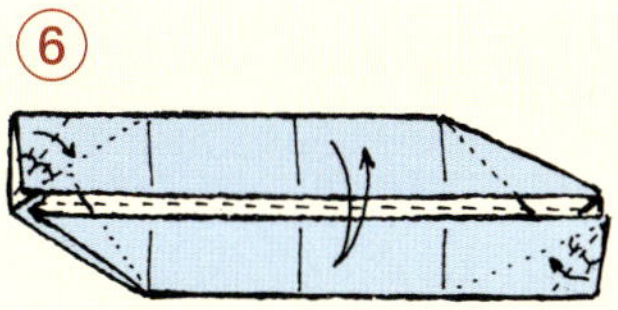

Das fertige Modul 12 x

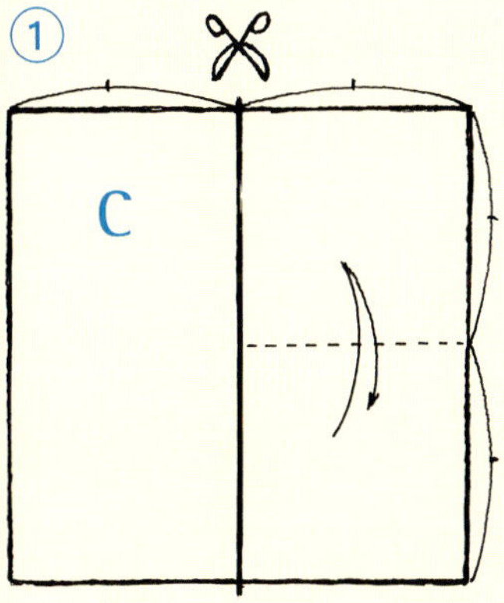

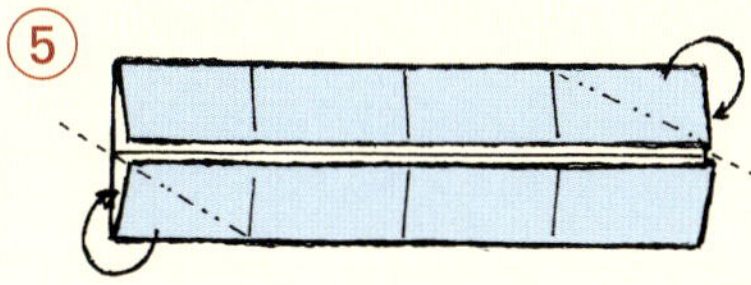

Ab diesem Schritt falten wie für Modell B beschrieben.

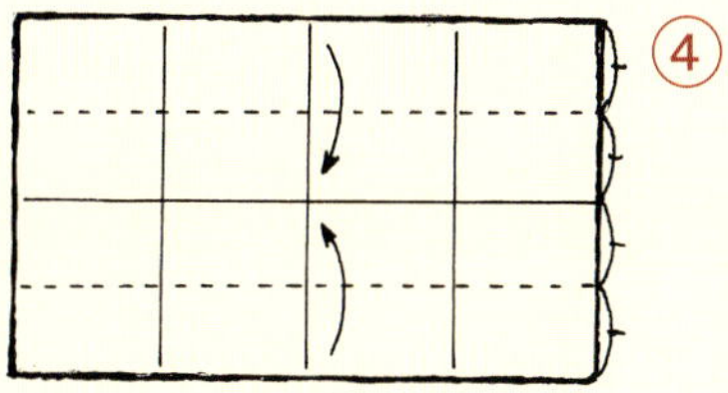

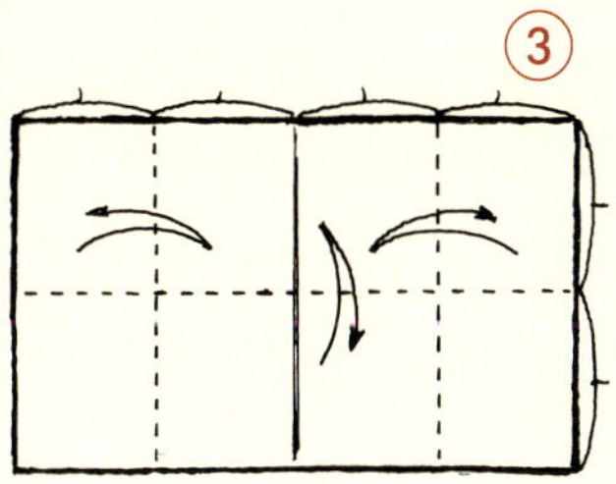

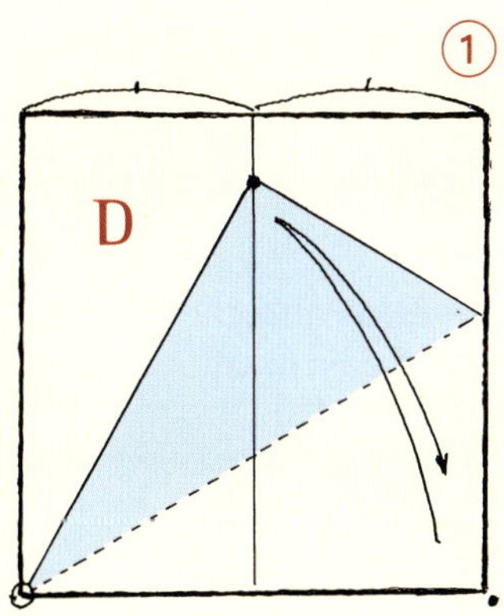

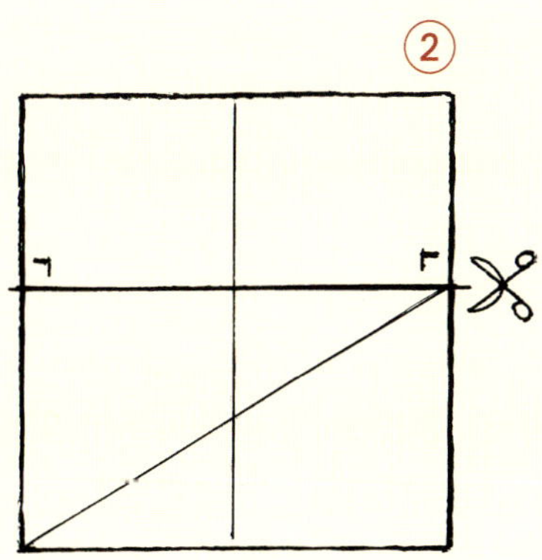

Der beständige Zauber der Polyeder

Seit mehr als zwanzig Jahren beschäftige ich mich schon mit Polyedern. Sie sind das zentrale Thema meiner Beschäftigung mit Origami. Vielleicht kommt Ihnen das sonderbar vor, und Sie fragen sich, wie ein Mensch nur so viel Zeit auf fünf geometrische Figuren verwenden kann. Aber schon vor etwa 2300 Jahren verfaßte der Grieche Euklid sein mehrbändiges Lehrwerk »Stoicheia« (»Elemente«), und auch dieses hat bis heute nicht an Attraktivität verloren. Kein Wunder also, dass mich das Hauptthema dieses Werks, die Polyeder, bis heute nicht loslässt.

Dieses Buch möchte Sie in Schönheit und Faszination der Geometrie und Mathematik einführen. Wie zahlreich, ja nahezu unendlich die Möglichkeiten sind, die Reise auf faszinierenden Pfaden fortzusetzen, soll Ihnen das folgende kleine Experiment zum Schluss verdeutlichen:

Nehmen Sie nacheinander Ihre fünf gefalteten Polyeder zur Hand und drehen Sie sie langsam. Beobachten Sie, wie sich die Form ihrer Umrisse verändert. Beim Würfel verwandelt er sich vom Quadrat über das regelmäßige Sechseck in ein Rechteck. Beim Oktaeder ist dasselbe zu beobachten. Und was geschieht bei den anderen drei Figuren? Allein den Wechselbeziehungen zwischen diesen fünf Körpern nachzuspüren – insgesamt gibt es zwanzig – hat unendlichen Reiz und führt tief in die Welt der Geometrie hinein.

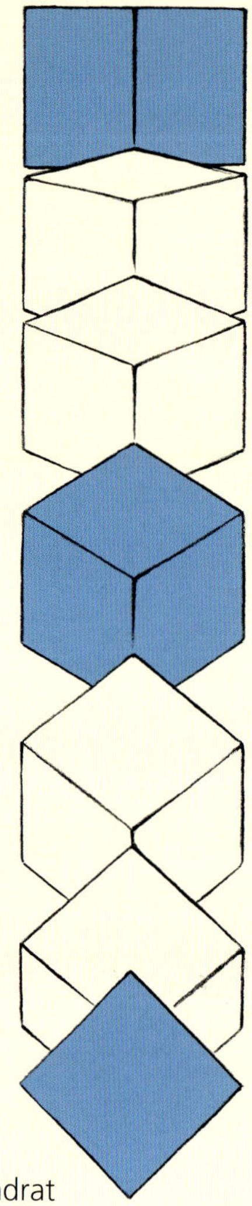

Die Deutsche Bibliothek – CIP-Einheitsaufnahme

Origami - figürlich und geometrisch / Kunihiko Kasahara. [Übers. aus dem Japan. von Michiko Yoshihara]. – München : Augustus-Verl., 2000
(Kreathek)
ISBN 3-8043-0664-0

Fotografie: Klaus Lipa, Diedorf bei Augsburg
Lektorat: Eva-Maria Müller, Augsburg
und Karlheinz Strobl, München
Übersetzerin: Michiko Yoshihara
Umschlagkonzeption: Kontrapunkt, Kopenhagen
Umschlaglayout, Herstellung: Melanie Gradtke
Innenlayout: Michael Stiehl, Leipzig
AUGUSTUS VERLAG, München 2000

Satz: Gesetzt aus 10 auf 13 Punkt Frutiger Light in Quark-X-Press von Michael Stiehl, Leipzig
Reproduktionen: Günter Mayr Repro-Technik GmbH, Donauwörth
Druck und Bindung: Appl, Wemding
Gedruckt auf 135 g umweltfreundlich chlorfrei gebleichtem Papier.
ISBN 3-8043-0664-0 · Printed in Germany